Motivação PARA LEIGOS®

Edição de Bolso

Motivação PARA LEIGOS®

Edição de Bolso

por Gillian Burn

ALTA BOOKS
EDITORA
Rio de Janeiro, 2014

ISBN: 978-85-7608-817-2

Impresso no Brasil — 1ª Edição, 2014

Produção Editorial
Editora Alta Books

Gerência Editorial
Anderson Vieira

Editoria Nacional
Cristiane Santos
Daniel Schilklaper
Daniel Siqueira
Evellyn Pacheco
Livia Brazil

Supervisão Gráfica
Angel Cabeza

Supervisão de Qualidade Editorial
Sergio Luiz de Souza

Supervisão de Texto
Jaciara Lima

Conselho de Qualidade Editorial
Angel Cabeza
Danilo Moura
Jaciara Lima
Natália Gonçalves
Sergio Luiz de Souza

Design Editorial
Auleriano Messias
Aurélio Corrêa

Marketing e Promoção
marketing@altabooks.com.br

Tradução
Rafael Contatori

Revisão Gramatical
Wendy Campos

Revisão Técnica
Maria de Fátima Barreto

Diagramação
Joyce Matos

Dados Internacionais de Catalogação na Publicação (CIP)

B963m Burn, Gillian.
Motivação para leigos edição de bolso / Gillian Burn. – Rio de Janeiro, RJ : Alta Books, 2014.
208 p. : il. ; 17 cm. – (Para leigos)

Tradução de: Motivation for Dummies.
ISBN 978-85-7608-817-2

1. Motivação (Psicologia). 2. Mudança. 3. Neurolinguística. 4. Autorrealização. I. Título. II. Série.

CDU 159.947
CDD 158.1

Índice para catálogo sistemático:
1. Motivação : Psicologia 159.947

(Bibliotecária responsável: Sabrina Leal Araujo – CRB 10/1507)

ALTA BOOKS
E D I T O R A

Rua Viúva Cláudio, 291 – Bairro Industrial do Jacaré
CEP: 20970-031 – Rio de Janeiro
Tels.: 21 3278-8069/8419 Fax: 21 3277-1253
www.altabooks.com.br – e-mail: altabooks@altabooks.com.br
www.facebook.com/altabooks – www.twitter.com/alta_books

Agradecimentos da Autora

Escrever este livro me deu a oportunidade de colocar em prática todas as dicas, ferramentas e ideias que mantiveram minha própria motivação.

À minha família, clientes, alunos de Pilates e colegas de treinamento, obrigada por suas histórias, piadas, inspiração e apoio.

À equipe inteira da editora original que mantiveram-me na linha, guiando-me e encorajando-me durante o projeto.

Ao meu pai, John, por seu incrível incentivo e ajuda ao longo de toda jornada e por sua paciência durante as horas que passei presa ao computador.

Finalmente, e o mais importante, quero agradecer à minha colega Liz Harris, cuja assistência editorial e apoio contínuo foram incríveis, sendo uma voz orientadora maravilhosa durante o projeto inteiro.

Sumário

Introdução

Motivação tem a ver com força de vontade para começar e direcionar sua vida de diversas formas. É possível se sentir mais motivado em algumas fases da sua vida do que em outras, ou que sua motivação esteja sendo afetada por pessoas e eventos ao seu redor. Você ainda pode estar se perguntando o quanto está motivado agora e como fazer para se motivar ainda mais!

Motivação Para Leigos, Edição de Bolso o ajuda a entender os elementos-chave da motivação e como ela influencia seu comportamento e o alcance dos seus objetivos. Projetei cada capítulo para ajudá-lo a aplicar os princípios da motivação em diferentes áreas da sua vida, em uma variedade de situações, com histórias, atividades e exercícios para ajudá-lo ao longo do caminho. Eu o encorajo a pular de cabeça, usar as ferramentas, e seguir em frente. Geralmente você encontra o que procura enquanto testa novas ideias.

Então, suba a bordo e comece sua viagem para uma vida mais motivada.

Sobre Este Livro

Este livro é uma edição de bolso do livro *Motivação Para Leigos*. No dicionário, motivação significa: coragem, estímulo, incentivo, energia. Na internet, é possível encontrar inúmeras referências a livros sobre motivação e histórias inspiradoras, trazendo para você a profundidade e a amplitude do assunto e uma variedade de formas com as quais você pode usar a motivação em sua vida.

Foque quais áreas da sua vida irão se beneficiar com sua motivação. Ela pode ajudá-lo a:

- Aumentar sua energia para alcançar seus objetivos.
- Evocar seu entusiasmo para começar.
- Entender o que há em seu caminho.
- Mudar a direção ou se comportar de forma diferente.
- Tornar seu trabalho mais inspirador.
- Mostrar a você como e quando entrar em ação.
- Realinhar seus relacionamentos em sua vida pessoal e profissional.
- Influenciar positivamente sua saúde e seu bem-estar.

Convenções Usadas Neste Livro

Para destacar alguns pontos e tornar sua leitura mais fácil, defini algumas convenções:

- *Itálico* é usado para enfatizar e introduzir novos termos.
- Texto em **negrito** é usado para indicar a ideia central em uma lista.
- Texto em `Courier New` é usado para sites e endereços de e-mail para realçá-los.

Penso que...

Ao escrever este livro fiz algumas suposições a respeito de você, leitor. Acho que você é uma pessoa normal que quer ser feliz e motivada e que busca conhecer novas maneiras de melhorar as diversas áreas de sua vida.

Ícones Usados Neste Livro

Algumas informações neste livro são tão importantes que são destacadas por um ícone.

Aqui você encontra histórias interessantes que pode achar inspiradoras ou úteis.

O alvo destaca avisos práticos que você pode usar como um agente motivador.

Este ícone indica um exercício para que você possa experimentar como é se sentir motivado.

Tome nota destas informações e tenha-as sempre em mente ao aplicar os princípios da motivação em sua vida.

De Lá para Cá, Daqui para Lá

Ao virar a página, você irá direto para a explicação da motivação. Você pode achar que alguns tópicos são mais interessantes ou têm mais significado para você no momento. Você também pode usar o Sumário, no início deste livro, para buscar o que o interessa.

Parte I

Entendendo o Básico da Motivação

"Você disse que precisava de algo maior para motivá-lo, João, então estamos transferindo você para a casa do elefante!"

Nesta parte...

Aqui você vai começar sua jornada pela motivação. Você começará a entender o que é a motivação, conhecerá seus princípios e descobrirá como ela se encaixa em sua vida. Também irá explorar a psicologia por trás da motivação. Então, não espere um minuto mais, mexa-se!

Capítulo 1

Introduzindo o Conceito de Motivação

Neste Capítulo

- Explicando a motivação
- Decidindo como a motivação pode ajudar você
- Fazendo com que seu cérebro e seu corpo trabalhem por você

Manter-se motivado para atingir um objetivo desejado é a chave para o sucesso. Neste capítulo, você vai descobrir o significado de estar motivado e como seu cérebro e seu corpo interagem para mantê-lo totalmente motivado.

Descobrindo o que É a Motivação

Motivação é um sentimento, uma força emocional, que o estimula e encoraja a fazer algo. Ela surge de fatores ou estímulos — internos ou externos — que o levam a agir ou a satisfazer uma necessidade:

- **Interno:** sentir fome o motiva a comer — uma necessidade intrínseca, que vem de dentro de você.
- **Externo:** resultados insatisfatórios de venda o motivam a atrair mais clientes para aumentar os negócios — uma necessidade extrínseca, que vem de fora.

Pense na época que gostava de ir trabalhar e sentia aquele gostinho de realização vendo seus projetos se frutificarem. Seus esforços eram recompensados por um bom salário, o apoio de seu gerente e a autoridade para tomar suas próprias decisões. Você se sentia valorizado e sentia que contribuía para o sucesso dos negócios.

- **Ser inspirado por exemplos:** ter um exemplo pode ser inspirador e motivador. Por exemplo, um astro do esporte pode motivá-lo com seu desempenho.
- **Estar no controle:** a motivação dá a você a sensação de estar no controle. Embora o problema seja uma barreira, você tem a confiança e a motivação para enxergar além dele e descobrir as alternativas.

  LEMBRE-SE

  Quanto mais motivado você estiver, mais preparado estará para encarar os desafios, em vez de desistir ao primeiro obstáculo.
- **Passar a motivação para outros:** quando você está motivado, passa uma sensação positiva àqueles ao seu redor, fazendo com que se sintam inspirados e motivados. Da mesma forma, se você se sente desmotivado, as pessoas ao seu redor vão perceber sua falta de motivação e apatia, afetando a forma como reagem a você.

CASOS E CAUSOS

Como os exemplos podem fazer a diferença

Uma série de TV chamada "*Make Your Child Brilliant*" (Torne Seu Filho Brilhante) mostrava como as crianças podiam ter um forte efeito motivador, especialmente quando um talento oculto era identificado e ampliado. A guru da educação, Bernadette Tynan, estava no programa, descobrindo os talentos ocultos nas crianças.

Em um programa em particular, foram aplicadas técnicas cerebrais em uma garota de 11 anos chamada Molly, para ajudá-la no desafio de fazer uma apresentação para um grande número de pessoas. Molly trabalhou de perto com Bernadette e seus pais, utilizando várias técnicas para adquirir confiança e as habilidades que precisava.

No dia da apresentação, Molly encarou 120 pessoas, falando com autoridade ao microfone sem nenhuma anotação e usou as técnicas com eficiência. Ela foi motivada pelo apoio de Bernadette e de seus pais, para encarar este desafio e adquirir técnicas que ela vai usar pelo resto de sua vida.

CASOS E CAUSOS

Ganhando vida ao falar sobre seu assunto favorito

O filho de um amigo estuda Física em uma universidade. Ele não é uma pessoa muito comunicativa e, às vezes, é difícil saber o que ele está pensando, ou fazê-lo falar alguma coisa. Sua habitual falta de confiança desaparece quando ele fala sobre um assunto pelo qual é aficionado, a física.

Identificando as Barreiras

As barreiras podem diminuir sua motivação e, até mesmo, paralisar você. Reconhecer as barreiras é o primeiro passo para ultrapassá-las.

CASOS E CAUSOS

Por exemplo, uma de minhas amigas sempre deixava de lado sua lista de atividades, porque só se sentia motivada a encará-las em dias que não tinha nenhum encontro marcado ou compromisso. Encontrar um dia livre estava se tornando uma barreira. Então ela teve a ideia de reorganizar sua agenda para encaixar suas reuniões em um único dia, deixando outros dias livres para outras tarefas. Ter alguns dias livres, sem as pressões das reuniões, a motivou a lidar melhor com sua lista de atividades.

Ao encarar sua barreira, minha amiga pôde seguir em frente. Ela agora estava motivada a:

- Agendar com uma profissional para ajudá-la nos trabalhos domésticos acumulados.
- Encontrar coragem e ligar para as pessoas que antes ela arrumava desculpas para não falar.
- Planejar um tempo para se exercitar regularmente e se manter firme neste propósito.

Uma variedade de barreiras pode afetar sua motivação:

- **Distrações:** Ser inundado por e-mails, reuniões e interrupções de pessoas pode afetar a sua motivação, tanto positiva quanto negativamente.

- **Compromissos familiares:** Ter compromissos familiares, como cuidar de pessoas idosas, pode ser frustrante e desmotivador, fazendo com que você não tenha tempo para si mesmo e suas tarefas.
- **Finanças:** A falta de dinheiro pode afetar a sua motivação em fazer algo se sente que não vai conseguir pagar. A oportunidade de ganhar mais dinheiro pode motivá-lo a mudar o rumo de sua carreira.
- **Ambiente familiar:** Seu ambiente familiar pode ter um efeito desmotivador. Viver em um ambiente desleixado, um espaço desorganizado de trabalho, pode agir como uma barreira em sua motivação.
- **Doença ou saúde debilitada:** Quando você adoece, reduz sua energia e fica mais difícil encontrar motivação para fazer o que você precisa. Paciência e tempo são necessários para recuperar a saúde e voltar a motivação
- **Manter regras e procedimentos rígidos:** Alguns empregados podem se sentir desmotivados se muitas regras e procedimentos os impedirem de serem criativos.

DICA

Atenção, empregadores! Descubram o que motiva seus empregados e se as muitas ou poucas barreiras podem estar sufocando a motivação e criatividade deles.

- **Falta de apoio:** Seja de colegas ou de amigos ela pode agir como uma barreira, diminuindo seu entusiasmo em encarar certas tarefas.
- **Tempo:** Seu relógio biológico é programado para dar a você mais energia em determinados períodos. Férias são um bom motivador.
- **Condições climáticas:** Você pode se sentir desmotivado a sair no frio, na chuva, ou no vento. Em contraste, com um tempo quente e um dia ensolarado é difícil encontrar motivação para trabalhar quando você preferiria estar ao ar livre.

CASOS E CAUSOS

Parando de fumar...ou não

Jane estava indo muito bem com sua campanha antifumo. Ela se sentiu muito motivada para parar de fumar depois que um amigo ficou seriamente doente. A partir daquele instante, ela se tornou uma não fumante; ficou sem o cigarro por quase três meses.

Então, Jane perdeu seu emprego. Ela se sentiu muito infeliz e não se sentia segura a procurar um novo emprego. A segurança do seu emprego e o apoio de seus colegas mantiveram-na motivada em sua campanha antifumo. Ao perder seu emprego, ela perdeu a direção. Ao se sentir por baixo, ela buscou o conforto em um cigarro. Em alguns dias ela voltou a fumar regularmente. Ela perdeu a motivação em continuar com sua campanha.

Quando Jane fumou, isso lhe deu a sensação de segurança e a habilidade em lidar com a ansiedade. Quando parou de fumar, ela substituiu este hábito pelo apoio de seus colegas e a segurança do seu emprego. Ao perdê-los, Jane naturalmente voltou a fumar.

Procurando Respostas em Seu Corpo ou em Seu Cérebro

Sua mente contém as respostas de muitos segredos e mistérios da vida. Se você se sente motivado ou desmotivado por dentro, seu corpo reage de acordo. Por exemplo, você exibe sinais de alegria e prazer quando faz algo que o satisfaz, ou entra em pânico quando sabe que tem de fazer algo que o assusta.

Como É a Sensação da Motivação

Você pode experimentar a sensação de motivação de várias formas. Algumas pessoas a descrevem como um sentimento de bem estar e a sensação de querer algo a mais. Outras pessoas a sentem em seus corpos, outras em seu comportamento.

DICA

Se você tem dificuldade em sentir o que é estar motivado, imagine um balão subindo com o vento, indo cada vez mais alto. A motivação pode proporcionar a mesma sensação em seu corpo, uma sensação de elevação ou como adrenalina correndo nas veias.

Do outro lado da moeda, a sensação de desmotivação pode ser explorada em seu corpo para buscar as respostas que o deixarão motivado novamente.

Observando os sinais de desmotivação

Expressões faciais podem sinalizar o que e como as pessoas estão se sentindo. Se a pessoa estiver desmotivada, a pele pode parecer pálida, como se a cor fosse drenada de sua face.

Sinais e sintomas de desmotivação e sintomas de desbalanceamento podem incluir:

- Não dormir bem
- Sentir-se indefeso
- Doença
- Irritabilidade
- Não ser comunicativo
- Sentir-se sob pressão
- Encontrar barreiras e obstáculos para as situações

Transformando a desmotivação em um plano

Um colega estava preocupado com Ana, um membro de sua equipe. Ele notou que ela não estava feliz no escritório. Sua expressão facial mostrava uma falta de entusiasmo. Após observá-la, meu colega a chamou para uma conversa, para tentar descobrir o que estava por trás daquela falta de motivação.

Ao ouvir a descrição de Ana sobre suas últimas semanas, ele descobriu que um novo colega era o motivo de seus problemas. Ana estava tentando fazer seu trabalho, mas também queria ajudar o novo membro da equipe.

Enquanto Ana falava sobre sua situação, ela decidiu por si só resolver o problema, reservando algumas horas do dia para treinar o novo funcionário. Após essa conversa, Ana se sentiu muito mais positiva. Isto estava evidente em sua expressão facial, pois ela voltou a se sentir bem e feliz.

Uma voz dentro de você frequentemente lhe diz o que precisa ser mudado para que volte aos trilhos e se sinta motivado novamente.

DICA

Veja como seu corpo reage quando você se sente motivado. Desfrute a sensação e permita que este sentimento o conduza ao seu próximo projeto ou tarefa.

Capítulo 2

Explorando a Psicologia da Motivação

Neste Capítulo

- Identificando os estágios da motivação
- Lutando com a psicologia
- Testando as teorias

Conhecer as teorias por trás da motivação vai ajudá-lo a compreender o que o leva a lutar, de tempos em tempos, para manter a motiva--ção. Neste capítulo, irei explorar as diferentes teorias da motivação e como você poderá aplicá-las em diferentes situações.

Entendendo os Estágios da Motivação

Pesquisadores nos anos 1950 desenvolveram uma teoria de que fatores como bem-estar físico, relacionamentos e status influenciavam, dirigiam, energizavam e moldavam o comportamento humano.

Explorando a teoria de Maslow

Abraham Maslow é um dos fundadores do movimento do potencial humano. A teoria de Maslow é vista como um marco na psicologia da motivação.

Maslow introduziu a teoria da "hierarquia das necessidades humanas", mostrando diferentes forças que motivam os indivíduos. Esta hierarquia tem cinco níveis:

- Necessidades fisiológicas
- Segurança
- Amor e afeto
- Estima
- Realização pessoal

A hierarquia das necessidades humanas de Maslow (ver Figura 2-1) mostra a importância de cada nível para a motivação. Maslow aponta que o nível mais baixo, *necessidades fisiológicas*, é o motivador mais forte, pois as necessidades humanas como comida e água têm de ser atendidas antes que qualquer outra necessidade emerja e antes de se passar para o próximo nível da hierarquia. Ao atingir o nível mais alto, *realização pessoal*, você sente que todas as suas necessidades foram atendidas e sabe o que realmente é importante.

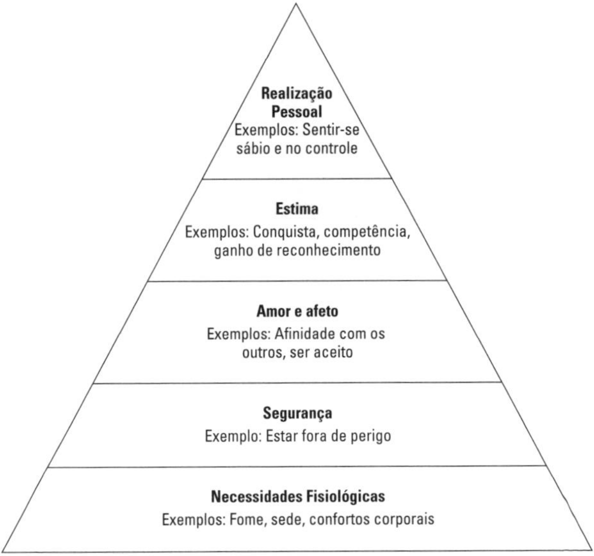

Figura 2-1: A hierarquia das necessidades humanas de Maslow.

Relacionando-se com cada estágio

Pense sobre como você se relaciona com cada um dos cinco níveis e como sua motivação é afetada.

- **Necessidades fisiológicas:** você tem de atender todas as suas necessidades fisiológicas para, simplesmente, existir, como o ar, a água, a comida e o sono. Ao ter suas necessidades atendidas, você poderá ir para o próximo nível.
- **Segurança:** tendo suas necessidades básicas atendidas, você estará pronto para passar para o próximo nível. A luta e o estresse de um voo causam respostas físicas automáticas. Você só estará pronto para o próximo nível quando se sentir a salvo e seguro. Os exemplos incluem:

  Voltar para casa com amigos após uma festa, não prestando atenção ao que eles dizem até que você chegue com segurança em sua casa.

  Trancar todas as portas à noite antes que você possa relaxar o suficiente para poder dormir.
- **Amor e afeto:** construir relacionamentos positivos com outras pessoas e ser aceito como parte de um grupo pode ser vital para o seu bem-estar. Você prospera quando está sendo amado e experimentando uma sensação de posse. Exemplos:

  Ser chamado pelo seu apelido preferido, mostrando que você foi aceito pelo grupo.

  Se sentir relaxado e à vontade com um grupo de amigos e discutir problemas ou assuntos pessoais.
- **Estima:** ganhar aprovação, respeito e reconhecimento de sua família, amigos e colegas pelo seu esforço é importante para manter seu respeito próprio e define o seu status na sociedade. Por exemplo, como um pai, professor, doutor, político, ministro ou juiz. Os exemplos incluem:

  Uma organização local pede que você os represente, devido ao seu status na comunidade.

Um amigo lhe pede um conselho, e você se sente lisonjeado por ele ter pedido.

- **Realização Pessoal:** quando você atinge este estágio, todas as suas necessidades foram atendidas. Você é uma pessoa realizada, capaz de dar uma contribuição positiva para a sociedade e está no controle do que quer realizar. Exemplos:

  Um diretor se aposenta de seu trabalho para buscar satisfação no trabalho comunitário.

  Um médico deixa o mundo ocidental para exercer a medicina em países subdesenvolvidos.

A hierarquia de necessidades humanas de Maslow mostra que é possível operar em diferentes níveis ou estágios por certo período de tempo. Seu comportamento muda de acordo com as circunstâncias. Por exemplo, o que o motiva em uma manhã de domingo ou em uma sexta-feira à noite, comparado com uma segunda-feira de manhã quando você está seguindo para o trabalho, pode variar drasticamente.

Explorando como a Psicologia Pode Ajudar

A teoria de Maslow descrita no tópico anterior é um ponto inicial para entendermos a motivação, e você pode aplicá-la a uma variedade de situações. Existem outras teorias que surgiram com novas ideias para ajudar no entendimento dos diferentes aspectos da motivação.

Fatores de higiene de Herzberg

Frederick Herzberg se tornou famoso em 1959 por sua teoria dos dois fatores: higiene e motivacional. Herzberg estava preocupado principalmente com o bem-estar das pessoas em seu ambiente de trabalho e desenvolveu sua teoria, tanto como um instrumento de gestão, quanto uma teoria geral de motivação.

Estes fatores de higiene podem ser a razão de você ir para o trabalho, receber um salário razoável ou ter um bom relacionamento com seus colegas. Eles não necessariamente o encorajam a trabalhar mais, ou mais efetivamente, e poderiam também ser a causa de insatisfação.

As necessidades de higiene de Herzberg (ou fatores de manutenção) são:

- Salário
- Carro da empresa
- Status
- Segurança
- Relacionamento com o supervisor
- Condições de trabalho
- Relacionamento com os subordinados

Sua pesquisa mostra que as pessoas buscam atingir as necessidades de higiene porque são infelizes sem elas, mas, uma vez satisfeitas, o efeito logo desaparece — a satisfação é temporária.

Herzberg chegou à conclusão de que as pessoas não são motivadas apenas pela satisfação das necessidades de higiene. Os verdadeiros motivadores no ambiente de trabalho estão baseados na satisfação do trabalho. Motivadores impostos pela empresa fazem com que os empregados se sintam insatisfeitos. Herzberg concluiu que trabalhadores são motivados por suas próprias necessidades internas.

Tome o exemplo de uma empresa que por muitos anos deu uma garrafa de champanhe e um salmão defumado de Natal a todos os funcionários. Um ano, eles decidiram parar com este gesto, pois ninguém os agradeceu ou lhes deu qualquer indicação de gratidão ou entusiasmo nos anos anteriores. Entretanto, ao parar com esta iniciativa e não introduzir nada em seu lugar, causaram um grande ressentimento que resultou em uma falta de motivação.

Os verdadeiros motivadores para Herzberg são:

- Conquista
- Reconhecimento
- O trabalho em si
- Responsabilidade
- Progresso
- Crescimento pessoal

Teoria X e Teoria Y

Teoria X

O gerente que segue a Teoria X presume que:

- Empregados são naturalmente preguiçosos e, se puderem, evitam o trabalho.
- Empregados mostram pouca ambição, a menos que sejam incentivados.
- Trabalhadores precisam ser supervisionados de perto com um sistema de checagem e controle de posições.
- A maioria dos trabalhadores evita responsabilidades e não tem ambição, preferindo seguir a serem seguidos.
- Empregados pensam que é função do gerente estruturar seu trabalho e motivá-los.
- A maioria dos empregados não tem interesse em ser criativo ou solucionar problemas da organização.
- A maioria dos empregados resiste a mudanças.
- Trabalhadores são motivados primeiramente por dinheiro e depois pela estabilidade do emprego.

Segundo esta teoria, os empregados são motivados apenas por dinheiro.

O gerente da Teoria X frequentemente se coloca no caminho da motivação do empregado, de sua produtividade e moral, e adota um estilo autoritário de gerenciamento, baseado na ameaça e na punição.

Teoria Y

O gerente que adota a Teoria Y considera que:

- As pessoas gostam de trabalhar naturalmente.
- Empregados são naturalmente ambiciosos e gostam de responsabilidades.
- Empregados gostam que lhes deem a oportunidade de serem criativos e terem mente aberta, e não de serem tolhidos por regras.
- Empregados são motivados a alcançar os objetivos da empresa quando comprometidos com eles.
- Empregados são motivados a conquistar se as recompensas estão vinculadas a necessidades maiores, como satisfação própria.
- Encorajar a criatividade resulta em maior produtividade na empresa.

O gerente da Teoria Y acredita que dar oportunidade aos seus empregados de terem satisfação de fazer um bom trabalho é um forte motivador por si só. O gerente da Teoria Y tenta remover as barreiras que impedem que os trabalhadores atinjam a própria satisfação.

A realidade da Teoria X e da Teoria Y

As Teorias X e Y de McGregor claramente definiram as regras para se alcançar os objetivos da empresa. Na realidade, a maioria dos empregados (e gerentes) pratica estas duas teorias. A Teoria Y tem uma abordagem *positiva* de gerenciamento e busca a melhora da cultura da organização. Aqui estão alguns princípios da Teoria Y para ajudá-lo na melhora de sua motivação:

- Consultar os empregados nos processos de decisão lhes dá criatividade e um maior controle em seu ambiente de trabalho.
- Ter relatórios de desempenho permite que os empregados avaliem se estão atendendo aos objetivos da organização.

- Criar as circunstâncias corretas permite que os empregados alcancem um nível de satisfação mais elevado no trabalho.

Se for permitido que você gerencie sua carga de trabalho, você se sentirá mais positivo e produtivo. Você sabe melhor que ninguém como conseguir o melhor de si mesmo. Gerentes precisam estar abertos para uma visão positiva dos empregados e as possibilidades que são criadas para as empresas.

T1 - Testando o Nível de Motivação no Seu Trabalho

O teste da Tabela 2-1 ajuda a avaliar o seu nível de motivação no trabalho. Atribua de 1 a 5 pontos para cada questão — de acordo com o grau de concordância com a afirmação, sendo 5 para "concordo plenamente" e 1 para "discordo totalmente".

Tabela 2-1 Teste Individual de Respostas sobre Motivação no Trabalho

Declaração de Valor	*Concordo Plenamente (5 pontos)*	*Concordo (4 pontos)*	*Neutro (3 pontos)*	*Discordo (2 pontos)*	*Discordo Totalmente (1 ponto)*
Estou totalmente no controle do meu ambiente de trabalho. Desde que atinja meus objetivos sou livre para decidir o quanto trabalho e o que farei em seguida.					

Tabela 2-1 Teste Individual de Respostas sobre Motivação no Trabalho *(Continuação)*

Declaração de Valor	*Concordo Plenamente (5 pontos)*	*Concordo (4 pontos)*	*Neutro (3 pontos)*	*Discordo (2 pontos)*	*Discordo Totalmente (1 ponto)*
Estabeleci uma boa relação com meu chefe. Ele me dá espaço para que eu possa realizar meu trabalho do jeito que quero e geralmente atendo às suas expectativas.					
Meu pacote de benefícios e ambiente de trabalho estão de acordo. Quando alguma coisa precisa ser providenciada, geralmente é prevista em um tempo razoável.					

(continua)

Tabela 2-1 Teste Individual de Respostas sobre Motivação no Trabalho *(Continuação)*

Declaração de Valor	*Concordo Plenamente (5 pontos)*	*Concordo (4 pontos)*	*Neutro (3 pontos)*	*Discordo (2 pontos)*	*Discordo Totalmente (1 ponto)*
Meus colegas de trabalho geralmente me dão suporte e não interferem em meu caminho. Formamos um bom time e cada um de nós serve aos objetivos do grupo efetivamente. Quando algo acontece, somos capazes de lidar com a situação.					

Tabela 2-1 Teste Individual de Respostas sobre Motivação no Trabalho *(Continuação)*

Declaração de Valor	*Concordo Plenamente (5 pontos)*	*Concordo (4 pontos)*	*Neutro (3 pontos)*	*Discordo (2 pontos)*	*Discordo Totalmente (1 ponto)*
Recebo muitos comentários sobre meu trabalho. Sinto-me bem identificado com minha produção e dou o melhor de mim. Não gostaria que fosse diferente.					

(continua)

Tabela 2-1 Teste Individual de Respostas sobre Motivação no Trabalho *(Continuação)*

Declaração de Valor	*Concordo Plenamente (5 pontos)*	*Concordo (4 pontos)*	*Neutro (3 pontos)*	*Discordo (2 pontos)*	*Discordo Totalmente (1 ponto)*
Sinto que meus empregadores valorizam meu trabalho e estão em sintonia com o que está acontecendo. Eles se importam com minha carreira e se preocupam com as coisas para que eu não precise me preocupar.					

Tabela 2-1 Teste Individual de Respostas sobre Motivação no Trabalho *(Continuação)*

Declaração de Valor	*Concordo Plenamente (5 pontos)*	*Concordo (4 pontos)*	*Neutro (3 pontos)*	*Discordo (2 pontos)*	*Discordo Totalmente (1 ponto)*
Meu trabalho tem boa visibilidade. As pessoas sabem que é meu e me orgulho muito disso. Não é incomum as pessoas expressarem que estou fazendo um bom trabalho.					

(continua)

Tabela 2-1 Teste Individual de Respostas sobre Motivação no Trabalho *(Continuação)*

Declaração de Valor	*Concordo Plenamente (5 pontos)*	*Concordo (4 pontos)*	*Neutro (3 pontos)*	*Discordo (2 pontos)*	*Discordo Totalmente (1 ponto)*
Permitem-me ter total responsabilidade pela qualidade do meu trabalho e atingir meus outros objetivos e prazos. Meu chefe sabe que eu sei como dar o máximo de mim e me deixa à vontade para conseguir.					
Sinto que meu trabalho me preenche e me permite crescer. Meus desafios me mantém engajado, sem me sentir sobrecarregado.					

Tabela 2-1 Teste Individual de Respostas sobre Motivação no Trabalho *(Continuação)*

Declaração de Valor	*Concordo Plenamente (5 pontos)*	*Concordo (4 pontos)*	*Neutro (3 pontos)*	*Discordo (2 pontos)*	*Discordo Totalmente (1 ponto)*
Meu trabalho é uma extensão de quem realmente sou. Mesmo se não estivesse sendo pago, ainda assim sentiria necessidade de me expressar através desse tipo de trabalho. Se estivesse impedido de trabalhar seria como perder um braço.					

Festejando o mistério da eficácia pessoal de Bandura

A teoria de Bandura diz que a autoeficácia é a crença na capacidade do indivíduo de organizar e executar a ação requerida para gerenciar situações. Na prática, uma pessoa tem o controle de seus pensamentos, sentimentos e ações.

A autoeficácia é a base da motivação humana e das conquistas pessoais. Se você não acreditar que irá conseguir algo que deseja em decorrência de suas ações, terá pouco ou nenhum incentivo para agir ou continuar agindo quando as dificuldades aparecerem.

Aquilo em que as pessoas acreditam, influencia suas motivações e ações.

LEMBRE-SE

Seu nível de autoeficácia percorre um longo caminho para ajudá-lo a conseguir seus objetivos.

Um baixo nível de autoeficácia pode ser aumentado por:

- Relacionar um novo projeto a um sucesso recente. Por exemplo, saber que você pode conseguir algo por ser muito parecido com seu último projeto.
- Encontrar um exemplo a ser seguido. Pense em como agiria seu modelo ou o que ele diria ou faria nesta situação.
- Sugerir novas maneiras ou alternativas para atingir um objetivo.
- Experimentar o sucesso — o sucesso aumenta a autoeficácia. Lembre-se de que você obteve sucesso antes e vai conseguir novamente.
- Saber como lidar com situações de estresse. Em uma situação de estresse o modo como uma pessoa responde pode alterar sua autoeficácia.

Assumindo o controle da sua mente

Entender como a autoeficácia afeta o modo como você controla sua mente pode ajudá-lo a decidir como seguir em frente.

- **Fazendo escolhas:** você fica mais inclinado a aceitar tarefas quando acredita ser capaz de realizá-las.

  Para alcançar seu objetivo e obter o resultado desejado, seu nível de autoeficácia deve estar um pouco acima de sua capacidade, estimulando a lidar com tarefas desafiadoras e, assim, adquirir experiências valiosas.

- **Motivação:** se você tem uma autoeficácia elevada ao desenvolver uma tarefa, é provável que você se empenhe um pouco mais e se mantenha mais motivado do que se estivesse com sua autoeficácia em baixa. Entretanto, ter uma autoeficácia em baixa lhe dá um estímulo para aprender mais sobre o assunto e aumentar suas habilidades.

- **Seus padrões de pensamentos e respostas:** pessoas com autoeficácia em alta não se intimidam com os obstáculos e encontram meios de superá-los. Uma pessoa com autoeficácia em alta atribui as falhas aos fatores externos, se ela tem uma autoeficácia em baixa, atribui a falha a sua baixa habilidade. Por exemplo, uma pessoa com autoeficácia em alta pode atribuir seu mau resultado em um exame de francês a fatores externos, como ter sido mais difícil do que o habitual. Uma pessoa com autoeficácia em baixa atribui o mau resultado a sua falta de habilidade em aprender novas línguas.

- **Controlando seu destino:** Bandura mostrou que pessoas com autoeficácia em alta (confiança) ou autoeficácia em baixa veem o mundo de formas fundamentalmente diferentes. As pessoas com autoeficácia em alta, geralmente acreditam que estão no controle de suas vidas, enquanto que pessoas com autoeficácia em baixa se culpam se algo dá errado.

Encontrando sua força interna

As teorias a seguir podem lançar alguma luz sobre as maneiras de encontrar sua força interior e manter-se motivado.

A Teoria da Expectativa

Dando continuidade a Maslow, Victor Vroom criou sua "Teoria da Expectativa", em 1964. Vroom tentou explicar porque as pessoas tomam certos cursos de ação no ambiente de trabalho. Ele introduziu três variáveis que afetam como você se sente e como trabalha: valor, expectativa e instrumentalidade.

- *Valor* é a importância que você coloca no resultado de uma situação.
- *Expectativa* é a crença de que seu resultado e o sucesso da situação estão conectados, por exemplo, se você trabalhar duro, sua situação irá melhorar.
- *Instrumentalidade* é a crença que o sucesso da situação está conectado ao resultado esperado; por exemplo, o projeto foi bem e você está esperando comentários.

Vroom desenvolveu uma equação somando os três diferentes aspectos que afetam a motivação. A equação explica a motivação através da perspectiva do porquê as pessoas escolhem seguir um determinado curso de ação:

> Motivação = probabilidade percebida de sucesso (expectativa) x conexão de sucesso e recompensa (instrumentalidade) x valor da obtenção dos objetivos (valor)

Por exemplo, você se candidata a uma nova vaga acreditando que conseguirá a posição, que o aumento do salário valerá a pena e que esta vaga irá atender aos seus objetivos na escalada de sua carreira. Todos estes elementos devem estar no lugar para que você consiga obter o sucesso em sua tentativa.

Vroom propõe que um valor baixo em uma área resulta em um baixo valor de motivação. Todos os três fatores devem estar presentes para que ocorra a motivação.

- *Não* acreditar que você vai obter sucesso.
- *Não* ver uma conexão entre seu esforço e sucesso.
- *Não* valorizar os resultados do seu sucesso.

Alguém que precisa perder peso tem de acreditar que pode, que ao comer menos e se exercitar mais atingirá seu objetivo, e que sua imagem melhorada e sua saúde aumentada valem todo o esforço.

Vroom acredita que sua motivação depende de você querer uma recompensa por fazer um bom trabalho, ou de acreditar que fazer um esforço maior o levará à recompensa.

A Teoria da Expectativa de Vroom trata das conexões que uma pessoa faz na direção de um resultado esperado e o quanto ele, ou ela, pode contribuir para o resultado.

Teorias Modernas

Em 2001, Nohria, Lawrence e Wilson introduziram a teoria de que no mundo corporativo você é influenciado e guiado por três quatro diretrizes básicas: aquisição, aprendizado e defensibilidade. Prestar atenção a estas três diretrizes pode ajudá-lo a encontrar e manter sua motivação interna:

- Adquirir bens e experiência de vida lhe ajuda a seguir em frente.
- Buscar ativamente um aperfeiçoamento lhe ajuda a construir um sentido para o mundo e a sua razão de ser.
- Defender as pessoas amadas, as suas crenças, seus bens e a si mesmo.

Se suas três necessidades básicas forem satisfeitas, fica mais fácil achar sua força interna e saber o que você quer ou aonde ir. Se faltar alguma das necessidades, fica muito mais difícil achar sua força interna para motivá-lo a atingir seus objetivos.

Superando as barreiras

Algumas das barreiras com as quais você se depara têm a ver com a direção de suas necessidades intrínsecas e extrínsecas.

Entendendo a motivação intrínseca e a extrínseca

Para ajudá-lo a superar as barreiras, você pode refletir sobre os valores internos (intrínsecos) e os fatores externos (extrínsecos) da situação, e isso poderá ajudá-lo a reconquistar sua motivação.

Considerando as necessidades humanas básicas

Em 2001, o Instituto para a Excelência do Gerenciamento sugeriu nove necessidades humanas básicas para manter a motivação e superar as barreiras:

- Segurança
- Aventura
- Liberdade
- Troca
- Poder
- Expansão
- Aceitação
- Comunidade
- Expressão

Depois que estas necessidades básicas são atendidas, a motivação não custa nada ao empregado, exceto tempo e esforço. Os seguintes pontos de vista adaptados (com permissão) da Fenman Ltd (2003) podem dar algumas ideias para superar as barreiras:

- Atender às necessidades básicas custa dinheiro — salário ou ordenado.
- Motivadores nem sempre custam dinheiro; por exemplo, elogiar, conversar e ouvir.

- Tratar bem os funcionários — mas descobrir primeiro *como* eles gostam de ser tratados
- Pensar na melhor maneira de manter seus funcionários motivados
- Tratar cada pessoa como um indivíduo.
- Discutir soluções para obter a motivação com cada funcionário.
- Elogiar o trabalho bem feito.
- Encorajar o progresso.
- Ouvir os membros da equipe.
- Mostrar que você se preocupa, passando um tempo com seus empregados.

Colocar estas ideias em prática em seu ambiente de trabalho ou em sua casa, pode ajudá-lo a ter uma abordagem mais positiva e atingir seus objetivos, evitando algumas barreiras e ajudando-o a se manter motivado.

Capítulo 3

Preparando-se para a Motivação

Neste Capítulo

- Descobrindo o que você quer atingir primeiro
- Preparando-se para agir
- Preparando o cenário para o sucesso

Estar motivado para assumir uma tarefa nem sempre é fácil. Você pode se sentir inseguro antes mesmo de chegar à linha de partida. Neste capítulo, ajudarei a identificar suas prioridades para que possa se empenhar desde o início e seguir confiante com seu projeto.

Identificando Suas Prioridades

Identificar suas prioridades envolve fazer um balanço de sua vida pessoal e profissional e decidir onde você precisa efetuar mudanças.

Ter um tempo para decidir suas prioridades observando os prazos pode ajudá-lo a agir; caso contrário, você poderá ficar tentado a realizar as tarefas que mais lhe agradam e não necessariamente as mais importantes.

DICA

Você deve dar uma olhada no Capítulo 5 onde falo sobre como definir um objetivo para ajudá-lo a focar em seus objetivos principais e suas tarefas.

O primeiro passo para priorizar seus objetivos é identificar as áreas-chave para você; por exemplo, aspectos do seu trabalho, sua casa ou sua família. Escrever suas prioridades é por si só um começo, porque permite que você comece a preparar sua mente para a ação.

A Tabela 3-1 lista exemplos de tarefas domésticas e profissionais que devem constar em sua lista de tarefas. Use a Tabela 3-2 para criar sua própria lista de prioridades.

Tabela 3-1 Identificando suas Tarefas

Tarefas Domésticas	*Tarefas Profissionais*
Preparar uma festa ou celebração	Completar um projeto
Livrar-se de roupas velhas	Escrever um relatório
Reorganizar gavetas, estantes e quartos	Marcar uma reunião
Rever as finanças e pagar as contas da casa	Candidatar-se a um prêmio
Examinar o contrato de seguro da casa	Escrever uma apresentação
Decorar um quarto	Preparar um plano de cinco anos para a companhia
Cuidar do jardim, aparar a grama, preparar um canteiro de flores	Planejar uma nova campanha
Decorar o jardim	Seguir as projeções de vendas
Escrever uma carta	Marcar um evento ou um dia de folga para a sua equipe
Arquivar documentos	Preparar uma proposta ou um orçamento

Tabela 3-2 Minha Lista Pessoal de Tarefas

Tarefas Domésticas	*Tarefas Profissionais*

Escrever sua lista pessoal de tarefas domésticas e profissionais significa que você está começando a entrar em ação.

Começando com o resultado final em vista

O estímulo para estar motivado varia de pessoa para pessoa. Ter uma ideia de como sua tarefa vai ficar quando estiver completa pode parecer ou soar como algo que lhe impulsiona para a frente.

Saber o que você quer atingir permite que seu subconsciente comece a trabalhar por você e faz seu cérebro processar os passos que você precisa dar.

Seja realista sobre seu objetivo, para ter a certeza de que você não vai desistir ao primeiro sinal de dificuldade.

Dividir o que você está tentando atingir em pequenos pedaços facilita a tarefa e lhe ajuda a se sentir mais motivado.

Pense em uma das suas prioridades e imagine ter completado a tarefa. Use seus sentidos de visão, audição e tato para imaginar seu projeto finalizado e desfrute a sensação de realização por ter completado a tarefa.

Destacando o que importa para você

A decisão sobre o que mais importa pode ser influenciada por um prazo, uma multa ou a perda de um contrato. Pense sobre quais áreas se aplicam as suas necessidades e escreva suas três maiores prioridades.

Se você não decidir suas prioridades, pense sobre as seguintes questões:

- Qual é o objetivo mais importante para mim?
- Qual deles me trará mais satisfação quando atingido?
- Qual objetivo tem o prazo mais apertado?

Observe se você se sente motivado com tarefas que são fáceis de realizar e que lhe dão prazer, ou tarefas que não lhe dão tanto prazer, mas ainda assim são muito importantes, como preencher um formulário ou pagar contas.

Prepare-se

Após decidir qual tarefa encarar primeiro (veja o tópico anterior), e se certificar de que você tem as habilidades necessárias para enfrentá-la, pense em quando e onde começar. Em vez de encarar o grande projeto imediatamente, você pode pensar que realizar atividades que lhe distraiam seja mais fácil, dando-lhe a sensação de estar fazendo algo realmente importante. Na verdade, você está apenas usando técnicas de protelação! A enorme quantidade de tarefas a realizar e a ansiedade que você sente podem atrasar seu início.

DICA

Eu sempre acho que preciso de pelo menos meia hora para lidar com pequenas tarefas antes de iniciar meu projeto principal. Estas tarefas podem corresponder a um e-mail ou fazer uma ligação. Após lidar com isso, minha mente está livre para focar na tarefa principal.

Escolhendo uma data de início

Imagine que você está se preparando para uma balada com os amigos. Seus preparativos levam em conta qual o horário em que vocês se encontrarão no restaurante, e quanto tempo você leva para tomar um banho, arrumar-se e chegar ao local. Escolher quando iniciar seu projeto é o mesmo que se aprontar para a balada – envolve planejamento e horário.

Pergunte a você mesmo as seguintes questões:

- Aonde seu novo projeto irá levá-lo?
- Quem estará envolvido?
- Por que seu projeto é importante?
- Qual o seu calendário?
- Quando você planeja começar?

Comece pelo elemento mais fácil de sua tarefa. Assim, você evita criar obstáculos e atrasar o início.

Para ter certeza de que não irá falhar no início, considere os seguintes exemplos de planejamento:

- Se você não é uma pessoa matinal, não planeje exercícios pela manhã.
- Se você precisa de espaço antes de encarar seu projeto, permita-se um tempo para dar um jeito em seu ambiente de trabalho. Se você não fizer isso antes, irá se distrair com as coisas ao seu redor.
- Se você está cuidando de sua sobrinha de dois anos, não planeje organizar suas coisas enquanto ela estiver com você.
- Se você sabe que suas forças após o almoço estão no período mais baixo do seu dia, não planeje iniciar uma tarefa neste horário.

O primeiro passo

Executar a primeira ação, inclui o seguinte:

- Encontrar dia, horário e local para começar.
- Definir uma data de início.
- Dizer aos seus familiares e amigos, se apropriado, para que eles não planejem algo na mesma data.

- Criar um espaço em sua volta para que possa trabalhar confortavelmente.

LEMBRE-SE

A sua primeira ação o ajuda a seguir em frente e o afasta daquele estado de "paralisia".

Criando um Ambiente Motivacional

Seu ambiente pode impactar fortemente em sua motivação. O que acontece ao seu redor pode não ser tão óbvio, mas, ainda assim, pode ter um impacto no início das atividades e no foco dos seus objetivos.

DICA

Tire um momento para observar ao seu redor. O que você vê e escuta?

É fácil subestimar a importância de seu ambiente e o impacto que ele pode ter em sua energia e entusiasmo para encarar as tarefas. Este tópico lhe ajudará a avaliar seu ambiente (tanto o visto quanto o não visto), onde as pequenas mudanças podem fazer a diferença.

Avaliando seu ambiente

Pense sobre os seguintes aspectos do seu ambiente para criar a melhor configuração para você:

- **Luz:** você tem luz natural em seu espaço de trabalho? A luz do sol bate na tela de seu computador? A iluminação está na posição correta e é boa o suficiente para que você trabalhe eficientemente?
- **Som:** você precisa de silêncio ou prefere trabalhar com um som de fundo – pessoas conversando, aviões sobrevoando, tráfego? Algumas pessoas conseguem trabalhar com ruído de fundo ou música tocando. Outras pessoas se distraem ao menor barulho.

- **Espaço e visão:** você tem espaço suficiente para trabalhar confortavelmente? Sua caixa está com papéis saltando para fora, está abarrotada embaixo de sua mesa ou atrás do seu espaço de trabalho? Que vista você tem de sua janela? O que você vê lhe distrai ou lhe motiva?
- **Cor:** quais as cores da parede? Existem quadros pendurados para incrementar sua área? A cena do quadro é vibrante e inspiradora ou cinza e desmotivadora?
- **Cadeira:** sua cadeira é confortável ou muito confortável? É projetada ergonomicamente para apoiar suas costas e ajudá-lo a manter uma boa postura? Sua cadeira está na altura correta para que você possa trabalhar em seu computador com suas mãos na altura correta em seu teclado? Você precisa de um apoio para os pés para manter suas costas na posição correta?
- **Equipamento:** você tem todo o equipamento de que precisa à mão para usar regularmente, por exemplo, computador, copiadora, papel, canetas e lápis?
- **Ar fresco:** você pode abrir a janela para deixar entrar o ar fresco em seu escritório? Ou as janelas não são projetadas para abrir? Talvez você trabalhe em um escritório localizado no porão? Você tem ar-condicionado?
- **Temperatura:** você está em um local com controle de temperatura?

Preencha a Tabela 3-3 para descobrir como seu ambiente está afetando você.

Tabela 3-3 Meu Ambiente de Trabalho

Aspectos-chave do Ambiente	*O que Tenho ao Meu Redor*	*Placar de Cada Área 1 a 10 1= pobre 10= excelente*
Iluminação		
Som		
Espaço e visão		
Cor		
Cadeira		
Equipamento		
Ar fresco		
Temperatura		

DICA

Olhe para as áreas com o placar mais baixo para ver como fazer algumas pequenas mudanças para melhorá-las.

A motivação através da música

Diferentes tipos de música podem inspirar e estimular. Existe alguma canção ou música que o motive e o mova para frente?

O número de pessoas que ouvem música enquanto estão se exercitando tem aumentado drasticamente. Ginásios e academias sempre tocam uma música com um ritmo acelerado para animar e motivar as pessoas em seus exercícios.

Motivando-me a escrever

Depois de concordar em escrever este livro, precisei me motivar para começar. Minha primeira providência foi arrumar um tempo em minha agenda para este projeto. Eu anotei meus momentos para escrever como compromissos em minha agenda e cancelei outros compromissos para poder começar. Contei aos meus familiares e amigos que estava escrevendo um livro na esperança de que eles não tentassem me distrair.

Para me motivar, defini um prazo para cada capítulo e agendei revisões com os editores e colegas para me manter no prazo.

Eu sabia como essa tarefa era importante para mim e a satisfação que o livro me daria. Eu imaginava como ficaria cada capítulo e como me sentiria ao enviar o primeiro rascunho para o editor.

Eu fazia intervalos regulares para tomar um ar fresco e me exercitar, e cuidava de me alimentar corretamente para ajudar meu cérebro a funcionar bem, além de beber muita água para me hidratar.

Para atingir meu objetivo, separei cada capítulo em seções menores, que me davam um senso de realização ao completar cada uma delas. Os intervalos davam um tempo para que meu cérebro processasse o que havia escrito e isso me ajudou a decidir onde precisava fazer mudanças ou acrescentar informações.

Eu me motivo a escrever pela manhã, tirando vantagem da luz do sol e tenho uma visão estimulante em minha área de trabalho. Adquiri o hábito de retornar minhas ligações, lidar com meus e-mails e outras tarefas somente no final da tarde, depois de terminar de escrever.

Existem quatro estados cerebrais que criam quatro padrões cerebrais diferentes:

- **Estado Beta:** é atingido através da música rápida, vibrante e alta, geralmente mais de 80 batidas por minuto (o tipo de música que seus adolescentes devem estar ouvindo). A música do estado beta é boa de ouvir se você tem a tendência de sentir uma moleza depois do almoço. Este é o tipo de música para mantê-lo alerta, ativo e trabalhando. "*As bodas de Fígaro*", de Mozart, é um bom exemplo de música rápida e vibrante.
- **Estado Alfa:** é atingido através da música lenta, em torno de 60 a 80 batidas por minuto, como Bach, Beethoven, Handel ou Mozart. Este tipo de música encoraja seu cérebro a enviar ondas cerebrais no mesmo andamento musical, ajudando o cérebro a se concentrar e se focar na tarefa. Estar no estado alfa também ajuda a memória e a criatividade e, algumas vezes, é descrito como o estado do relaxamento. A música do estado alfa também é estimulante e passeia por ambos os lados de seu cérebro.
- **Estado Teta:** é o tipo de música que você ouve ao fazer uma massagem. Estar no estado teta pode fazer você se sentir muito sonolento.
- **Estado Delta:** pode deixá-lo em transe. É usada geralmente para meditação e pode colocá-lo em sono profundo.

Para aumentar sua motivação concentre-se na música alfa ou na beta, porque a música mais lenta dos estados teta e delta não vão fazer você se mover!

Construindo uma rede de apoio

Para ajudá-lo na motivação, encontre tempo para falar de seu projeto com aqueles que o apoiam. Falar ajuda a esclarecer quais as áreas do seu projeto são as mais importantes.

LEMBRE-SE

Um problema compartilhado é um problema resolvido.

Parte II

Identificando e Mantendo a Mudança

"A motivação para ser um domador de leões veio dos seus anos como professor."

Nesta parte...

Algumas vezes contratempos e medos podem atrapalhar sua motivação. Aqui, você descobre como criar motivação para superar as barreiras e fazer mudanças para continuar avançando. Explorar as técnicas da visualização também ajuda a estimulá-lo a entrar em ação quando você viaja no tempo, mantendo seu objetivo final à vista.

Capítulo 4

Evocando a Motivação para Mudar

Neste Capítulo

- Planejando para agir
- Checando os valores motivacionais
- Sabendo o que lhe impede

Neste capítulo, você descobrirá como superar todas as barreiras e as desculpas que lhe impedem de buscar a mudança, e o que lhe impulsiona a agir.

Encontrando um Catalisador para a Mudança

Planejar uma ação envolve uma razão, uma necessidade ou um prazo. Em muitos casos sua ação pode ser conectada a um catalisador — algo ou alguém que lhe estimule a tomar uma atitude. O catalisador pode ser negativo ou positivo, ou empurrá-lo para perto ou para longe de alguma coisa.

Os catalisadores podem assumir várias formas e tamanhos:

- Susie foi alertada por seu dentista a usar fio dental todos os dias. Este hábito era novo para Susie e ela achava que não teria tempo para isso — pelo menos ela pensava assim! Entretanto, Susie aplicava creme para os olhos e hidratantes regularmente.

Surpreendentemente, sua motivação veio de seu creme para os olhos. Ela mudou, recentemente, para uma nova marca que precisava de 10 minutos para ser absorvida pela pele. Este tempo era tudo o que ela precisava para usar seu fio dental, e logo a barreira do tempo foi banida. O catalisador para a mudança foi imposto simplesmente pela compra inocente de um novo produto.

Para ajudá-lo em seu plano de ação, considere quais dos seguintes itens se aplicam a você:

- Você só encara a tarefa se for fácil.
- Você precisa encontrar um tempo para começar.
- Você precisa de um prazo.
- Você quer se sentir bem com a tarefa.
- Você quer ver um resultado positivo.
- Você pode bancar os custos envolvidos.
- Você tem as habilidades certas.

Dando Seus Primeiros Passos

Decidir dar o primeiro passo para a ação nem sempre é fácil. Ele pode envolver desculpas, barreiras e atrasos, frequentemente criados por você mesmo!

Para algumas pessoas o fato de abrir uma agenda ou um organizador eletrônico ou mesmo encontrar um papel para escrever uma lista de atividades é um primeiro passo importante, pois isso ajuda em sua organização e no esclarecimento das tarefas. Ter um tempo para fazer anotações pode ajudar na identificação das áreas-chave, e uma agenda lhe dá uma estrutura para planejar as atividades, ajudando-o a achar um tempo para iniciá-las, desde que anote as tarefas com tempo hábil para cada uma delas.

Observe a seguinte lista de primeiros passos e decida quais são mais importantes para você:

- Elaborar uma lista dos trabalhos importantes que você precisa fazer.
- Limpar sua mesa para que você comece a trabalhar em um projeto.
- Agendar um horário para realizar sua tarefa.
- Gastar um tempo pesquisando um novo curso na internet.
- Pedir conselhos a amigos, como nome de uma agência de limpeza, um assistente virtual ou um especialista em computadores, por exemplo.
- Dar um tempo ou se exercitar.
- Limpar e arrumar sua área de trabalho para melhorar a eficiência.
- Organizar sua caixa de entrada e priorizar tarefas urgentes.

DICA

Dar o primeiro passo é importante. Entretanto, começar no lugar certo, ou em outras palavras, planejar o projeto para que você possa dar os primeiros passos certos, é essencial. Se planejar com eficiência uma limpeza em seus armários, por exemplo, não acabará guardando novamente as coisas que planejou levar para a instituição de caridade.

DICA

Algumas pessoas precisam de uma xícara de chá ou café antes da ação. Decida se você é uma dessas pessoas e providencie uma xícara de chá ou café imediatamente, para que você possa dar seu primeiro passo!

Descobrindo os Valores que o Motivam

Valores são seu sistema de crenças. Eles o ajudam a interpretar e avaliar o que é importante para você, agindo como um filtro. Valores são as coisas que realmente importam para você nesta vida, que valem a pena ter e que dirigem o seu pensamento e comportamento. Os valores que você nutre podem afetar as escolhas sobre amigos, carreira ou como você gasta seu tempo de lazer. Sua educação, família e amigos, e até os jornais que você lê, têm uma grande parte na confirmação de seus valores. Embora eles ajam frequentemente como fortes motivadores, também podem ter um efeito desmotivador em você.

Os valores que você carrega podem influenciar sua motivação. Geralmente, a motivação só acontece se seus valores são sustentados por suas ações. Seus valores e ações precisam estar em sintonia, não em conflito. Por exemplo:

- Se você considera *simpatia* e *educação* como valores importantes, descobrirá que melhorar o atendimento aos clientes vai ao encontro desses valores.
- Dar valor à *gratidão* o motiva a sempre agradecer a alguém pelo seu bom trabalho. Ou você se sentir motivado em trabalhar ainda mais para clientes que expressam sua gratidão.

Se estiver com dificuldades para encontrar a motivação para fazer algo, é porque, às vezes, a tarefa está em conflito com seus valores. Por exemplo, você se preocupa muito com a honestidade e a integridade e é enviado por seu gerente para comprar os produtos mais baratos para o preparo de uma refeição. Depois, ele o manda cobrar de seus clientes o preço mais alto possível pelo prato. É provável que você se sinta desmotivado e não queira executar a tarefa.

LEMBRE-SE

Honrar seus valores aumenta sua motivação para executar suas tarefas.

Reconhecendo Seus Obstáculos

Saber o que lhe causa a desmotivação e o impede de agir é vital para o sucesso de seu plano de ação, embora encarar o culpado possa ser doloroso!

Talvez você esteja desmotivado a começar uma tarefa que impôs a si mesmo porque tem muitas outras coisas essenciais que devem ser feitas antes: levar as crianças para a escola, alimentar o gato, passear com o cachorro.

DICA

Uma técnica eficaz é se certificar de que você *não seja o responsável pelo próprio fracasso*. Escolha um tempo realista para iniciar seu trabalho, que permita um tempo suficiente para fazer primeiro as "outras coisas importantes".

Identificando seus desmotivadores

Você reconhece algum dos fatores desmotivadores abaixo como impedimentos para agir?

- A tarefa não combina com o que você quer atingir.
- Você não tem um sentimento positivo sobre a tarefa.
- Você se sente sobrecarregado.
- A tarefa não parece certa para você.
- Você não tem tempo.
- Você não pode bancar a tarefa.
- Você não vê benefícios nesta tarefa.
- Você tem medo de assumir a responsabilidade.
- Você tem outras prioridades.
- Os prazos são muito apertados para você.

Aceitando suas desculpas

Ao buscar a motivação para mudar, é normal admitir que costuma arrumar desculpas. Identificar uma desculpa pode ajudá-lo a superar uma barreira para a ação. Ao aceitar a desculpa, considere o efeito que ela tem sobre o planejamento. Ela é genuína, ela está ali somente para impedi-lo de entrar em ação, existe uma razão mais profunda atrás da desculpa? Tomar um tempo para considerar que suas desculpas podem ajudá-lo a enxergar a ação requerida de uma forma diferente, permite que você encare a tarefa de forma diferente.

Aqui estão algumas desculpas comuns que você irá reconhecer e algumas ações positivas para ajudar as pessoas a seguirem em frente:

- Eu não tenho tempo — mas poderia levantar 30 minutos mais cedo para me dar o tempo de que preciso.
- Não posso bancar — mas se começar a economizar uma pequena quantia todo mês, vou conseguir.
- Não tenho as habilidades — mas posso encarar um cursinho à noite para adquirir novas habilidades.
- Nunca fiz isso antes — mas poderia pedir ajuda a um colega que tenha familiaridade com o assunto.
- Não sei a quem perguntar — mas poderia perguntar para as pessoas ao redor.
- Tenho medo das consequências — mas as consequências de não se fazer nada são piores.

Fazendo Uso de Subprodutos Positivos

Subproduto positivo é um termo usado para identificar os benefícios que você obtém por *não* praticar uma ação. Então, por que *não*? Pois o subproduto positivo pode vir a ser seu melhor plano de ação.

Você pode decidir não fazer algo para que a situação atual permaneça igual. Considere os seguintes exemplos:

- Você decide não mudar de casa para ficar perto de seus amigos e evitar ter de passar pelo processo de ter de conhecer novas pessoas.
- Você decide não perder muito peso para que não precise superar sua vergonha.
- Você decide não comprar uma roupa nova para economizar algum dinheiro para o projeto da casa que você acha mais importante.
- Você decide não se candidatar para um novo emprego para que possa ficar onde se sente confortável e não tenha que lidar com mudanças, desafios e aprender novas habilidades.

O subproduto positivo varia de pessoa para pessoa e geralmente está escondido em seu subconsciente.

Identificar o que está o impedindo de alcançar seus objetivos é a chave para buscar sua motivação. O subproduto positivo pode lhe impedir de tomar uma atitude. Ficar em um trabalho que lhe permita passar mais tempo com sua família e ter mais tempo para o lazer, pode ser mais importante do que os benefícios recebidos por uma promoção.

Uma mulher tinha pilhas de roupas para passar, mas simplesmente não conseguia encará-las. Ela admitia que o verdadeiro motivo não era a tarefa trabalhosa, mas as aranhas que ficavam no armário onde a tábua de passar ficava guardada! O subproduto de não passar roupa é não ter de enfrentar seu medo de aranhas.

Capítulo 5

Definindo os Objetivos

Neste Capítulo

- Aplicando objetivos em sua vida
- Escolhendo os objetivos que são importantes para você
- Lidando com atrasos e revezes que aparecem em seu caminho

Definir um objetivo é uma forma de ajudá-lo a alcançar uma ambição em qualquer área de sua vida.

Saber definir os objetivos ajuda a trazer as mudanças desejadas para sua vida. Neste capítulo, você descobrirá como definir seu objetivo, destacar suas prioridades-chave e planejar uma estratégia para alcançá-los. Você também vai descobrir como dividir seu objetivo em pequenos pedaços e como identificar e evitar os obstáculos que surgem no caminho para o seu sucesso.

Definindo seus Objetivos

Motivar-se para atingir o seu objetivo contribui muito para o sucesso de sua empreitada. A motivação pode ser aumentada depois que você se certificar de que seu objetivo está claramente definido. Aqui estão alguns truques para ajudá-lo a definir o seu objetivo:

- **Defina seu objetivo em termos positivos.** O que eu quero? O que isso irá fazer por mim? Por exemplo: "Meu objetivo é ir à academia todas as segundas-feiras" e não: "Meu objetivo é parar de engordar".

- **Defina o contexto do seu objetivo.** Quando, onde e qual a ajuda que você quer para conseguir o seu objetivo? Há outras pessoas relacionadas ao seu objetivo?
- **Escreva seu objetivo.** Escrever ajuda a redefinir seu objetivo e a torná-lo mais específico, fixando-o firmemente em seu consciente.
- **Tenha certeza de ter as habilidades necessárias.** Você precisa ser capaz de começar e continuar as ações necessárias para alcançar seu objetivo. Você precisa comprar ou adquirir as habilidades ou recursos de outras pessoas?
- **Você tem tempo, dinheiro e energia para conseguir seu objetivo?** Seu objetivo se encaixa em seu propósito de vida?
- **Esteja ciente de que qualquer resultado secundário pode impedi-lo de alcançar seu objetivo.** Se houver um subproduto positivo, pense em outras formas de consegui-lo. Veja o Capítulo 4.
- **Esteja pronto para começar.** Você tem todas as ferramentas e equipamentos de que precisa?
- **Mantenha um estado mental positivo sobre seu objetivo.** Se você está com problemas com seu gerente de banco, pode não estar no estado mental correto para definir seu objetivo!
- **Imagine o seu sucesso.** Tenha o prazer de alcançar seu objetivo o máximo possível em sua mente.
- **Visualize seu objetivo.** Imagine o que você verá, ouvirá e sentirá quando atingir seu objetivo, usando todos seus sentidos.

Aplicando a regra SMART

SMART é um acrônimo em inglês para *Specific, Mensurable, Achievable, Realistic, Timescale* ("Específico, Mensurável, Alcançável, Realístico, Programado") e é uma ferramenta comumente utilizada em negócios para definir objetivos. Você também pode usar os princípios do SMART para definir um objetivo, ajudando a estruturá-lo de maneira clara e cuidadosa.

Enfrentando as resoluções do Ano Novo

Em 1º de janeiro, você comentou com seus amigos que sua resolução de Ano Novo era entrar em uma academia. O que deu errado?

A resposta é bem simples. Você definiu um objetivo de entrar em uma academia. Mas não era este o objetivo que queria alcançar. O objetivo, provavelmente, era perder peso, reduzir seu número de roupa ou entrar em forma. Para ter a chance de atingir seu objetivo, precisa defini-lo de forma cuidadosa e precisa. No exemplo, "entrar em uma academia" era apenas um passo na direção de alcançar seu objetivo de entrar em forma. Não era propriamente o objetivo em si. Não é à toa que o objetivo não foi alcançado. É impossível buscar um objetivo que ainda não foi definido.

Você pode definir seus objetivos a qualquer hora. Entretanto, o Ano Novo lhe dá um novo início, um propósito claro, um novo começo. E se perder o Ano Novo, pode sempre esperar o Ano Novo Chinês.

Escreva seu objetivo e, utilizando o SMART, defina-o. Você também pode ampliar sua descrição para incluir os princípios SMART.

- ***Specific*** (específico): descreva precisamente o que você quer que aconteça, o que vai fazer, como vai fazer e por que é importante para você. Certifique-se de declarar suas intenções claramente. Por exemplo: "Estou frequentando aulas de francês porque meu objetivo é ser capaz de entender e falar francês durante minhas férias de verão."

- ***Measurable*** (mensurável): é importante ser capaz de mensurar seu objetivo para saber como consegui-lo, ver as mudanças acontecendo e, o mais importante, saber quando seu objetivo foi alcançado. Por exemplo: "Meu objetivo é aprender francês, o suficiente para comprar coisas no mercado, pedir comida no restaurante e pedir informações quando estiver perdido."

- ***Achievable*** (alcançável ou atingível): os objetivos devem estar ao seu alcance para que possa alcançá-los e se comprometer com eles. Entretanto, seu objetivo também precisa acompanhar suas habilidades. Se ele for muito fácil, o comprometimento pode não ser tão forte para lhe manter motivado. Por exemplo: "Meu objetivo é usar a habilidade que já possuo para aprender um pouco de francês a fim de incrementar minhas férias e me comprometer em frequentar as aulas de francês."

- ***R**ealistic* (realístico): seu objetivo é realista com os recursos e ferramentas disponíveis? Por exemplo: você pode encontrar um bom professor com quem será capaz de aprender o suficiente de francês em três meses, que é o tempo que você tem disponível?

- ***T**imescale* (programado): certifique-se de agendar um horário para seu objetivo. Por exemplo: seu aniversário, a próxima semana, o próximo mês, no final do ano. Uma data definida lhe dá um parâmetro claro para trabalhar. Ela também lhe dá uma base para começar. Sua agenda, como seu objetivo, deve ser realista, mensurável e alcançável. Por exemplo: "Meu objetivo é frequentar aulas semanais de francês por três meses, começando em duas semanas."

Uma vez que você tenha definido os objetivos SMART você pode torná-los SMART**ER** e ainda melhores.

- **E**xpanda seu objetivo: ao dar mais detalhes aos seus objetivos fica mais fácil visualizar onde precisa fazer esforços extras. Por exemplo: "Estou agendando para encontrar um amigo francês e vou pedir para que fale em francês comigo."

- **R**ever regularmente: verifique como está progredindo. Como está se saindo com seu professor de francês? Você precisa de mais tempo para praticar em casa ou ouvir um CD de francês no carro enquanto viaja?

Para ver um exemplo do modelo SMART em ação, veja o quadro "Ficando SMART" na próxima página.

Entrando em ação

Você definiu precisamente seu objetivo (veja o tópico anterior), mas pode não saber qual passo dar primeiro para atingi-lo! A Figura 5-1 o guiará por um processo de cinco passos para identificar qual seu primeiro passo.

Na Figura 5-1, os números nos círculos são dispostos em uma ordem diferente da sequência usual 1, 2, 3, 4, 5. A ordem é muito importante para o processo. Desenhe cinco círculos e numere cada um como mostrado. À medida que você progride através dos passos, escreva cada resposta no círculo apropriado na ordem mostrada.

Figura 5-1: Siga este processo para descobrir seu primeiro passo para atingir seu objetivo.

1. **Defina seu objetivo.**

   O passo 1 é o seu objetivo de limpar o carro. Escreva este objetivo no círculo número 1, na extrema direita, como mostrado.

Ficando SMART

Uma amiga tinha o objetivo de entrar em forma depois do nascimento de sua primeira filha. Para manter a motivação, ela se juntou a um grupo de corridas com outras novas mamães. Ela combinou que poderiam se encontrar semanalmente para um café e uma caminhada. A cada semana três mamães fariam uma caminhada rápida ou uma mini corrida enquanto que as outras três olhariam os seis bebês. Quando o primeiro grupo retornava, as mamães podiam trocar de papéis. Dessa forma, em um período de uma hora, todas as mamães teriam tempo para se exercitar e para uma xícara de café, com seus bebês sendo devidamente vigiados. Um compromisso semanal as ajudaria a atingir o objetivo de competir uma corrida de 5 km em um período de oito semanas.

Usando o modelo SMART, minha amiga definiu seu objetivo como:

S – Meu objetivo é entrar em forma o suficiente para uma corrida de 5 km no período de oito semanas.

M – Meu objetivo é completar a corrida de 5 km e me sentir bem ao final.

A – Meu objetivo é me encontrar com o grupo de mamães cada semana para compartilhar a função de babá e ter a oportunidade de me exercitar ao mesmo tempo.

R – Meu objetivo é aumentar meu condicionamento através de corridas rápidas e longas no período de oito semanas.

T – Meu objetivo é encontrar as outras cinco mamães a cada semana e praticar a corrida com elas por 20 a 30 minutos, no período de oito semanas.

Minha amiga também incorporou alguns dos princípios SMART**ER**.

E – Ela se programou para fazer exercícios entre as sessões semanais. Foram corridas rápidas e corridas ocasionais quando seu marido estava disponível para ajudar com a criança.

R – Ela checava seu progresso regularmente e me reportava como estava se saindo.

Minha amiga completou a corrida e se divertiu em um dia de clima adverso. No dia da corrida, seu marido teve de trabalhar, então ela teve de arrumar uma amiga para olhar sua filha enquanto participava da corrida.

2. **Descreva onde você está agora.**

   O passo 2 é descrever onde você está agora — você tem um carro muito sujo. Escreva isso no círculo nº 2.

3. **Determine o ponto intermediário de onde você se encontra e aonde você quer chegar.**

   O passo 3 descreve o ponto intermediário. Você lavou o carro por fora, mas o interior ainda está um horror. Escreva o ponto médio no círculo nº 3.

4. **Determine o ponto médio entre o ponto intermediário e o objetivo.**

   O passo 4 é intermediário entre os passos 3 e 1 (o ponto médio entre o ponto intermediário e o objetivo). Você lavou seu carro por fora e está prestes a começar a limpeza no interior.

5. **Descubra seu primeiro passo.**

   O passo 5 (que é o seu primeiro passo) é preparar seu balde, o sabão e se aprontar para iniciar a limpeza do exterior de seu carro.

Aqui está um exemplo real de como atingir seu objetivo para um plano de negócios de cinco anos.

1. **Você definiu que quer alcançar uma soma de R$ 1.000.000,00 no período de um ano.**

   Escreva este objetivo no círculo nº 1.

2. **Descreva onde está agora — a soma atual é R$ 250,000 e você tem *x* número de clientes.**

   Coloque esta informação no círculo nº 2.

3. **Escreva o ponto intermediário no círculo nº 3.**

   Isto é quando sua soma for R$ 500.000,00 e você tiver aumentado sua base de clientes.

4. **Você continuou a ampliar, sua base de clientes e sua soma.**

   Escreva o ponto intermediário entre os passos 3 e 1 (o ponto médio entre o ponto intermediário e seu objetivo).

5. **Decida como ampliar sua base de clientes agrupando uma equipe de pessoas para discutir novas opções de vendas e de publicidade.**

   Coloque a opção mais favorável no círculo nº 5.

Agora fica aparente que o seu primeiro passo quando confronta-do com a tarefa intimidante de aumentar a soma para R$ 1.000.000,00 é executar a opção descrita no círculo nº 5.

Priorizando Seus Objetivos

DICA

Definir suas prioridades pode ajudá-lo a decidir o quanto seu objetivo é importante para você. Uma tarefa urgente não é necessariamente importante para *você*, mas pode ser urgente por causa da escala criada por alguém. Por exemplo, muitos gerentes têm medo dos relatórios mensais que são obrigados a escrever e atrasam o seu início. Não é importante para eles, mas o relatório se torna urgente à medida que o prazo dado pela empresa se aproxima.

Decidindo o foco

Decidir quais áreas focar é importante e você deve incluir prioridades tanto de curta quanto de longa duração. A lista a seguir mostra dez áreas-chave:

- Vida familiar e casa
- Trabalho e carreira
- Relacionamentos e amigos
- Saúde e exercício físico, incluindo aparência pessoal
- Viagens e recreação, incluindo feriados
- Segurança financeira, incluindo investimentos, pensões, dinheiro para as mensalidades escolares
- Desenvolvimento pessoal e/ou espiritual, incluindo hobbies e passatempos
- Melhorar a confiança e a autoestima
- Trabalho comunitário
- Posses pessoais

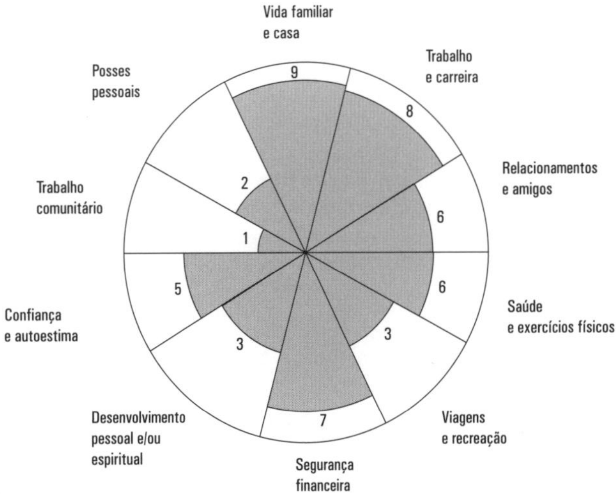

Figura 5-2: Criando sua roda de foco.

1. **Comece escrevendo cada uma dessas dez áreas em um segmento do círculo.**
2. **Atribua um número para cada segmento do círculo, baseado no quanto ele é importante para você atingir seu objetivo.** Ao colocar os números em cada seção do círculo você começa a priorizar seus objetivos. Os com maior pontuação são suas prioridades.
3. **Escolha suas três áreas principais para focar.**

Se a segurança financeira é o seu principal objetivo, pode dividir o círculo ainda mais da seguinte maneira:

- Encontrar um emprego mais seguro
- Pedir um aumento de salário
- Atingir seus objetivos de vendas e bônus de final de ano
- Mudar-se de casa para reduzir seu financiamento
- Fazer um plano de aposentadoria

Objetivos assumidos na aposentadoria

Laís tinha muitos objetivos desde sua aposentadoria. Usando o círculo da Figura 5-2 ela priorizou seus três principais objetivos e deu os passos para alcançá-los. Seus objetivos eram manter-se em forma, envolver-se em um trabalho comunitário e continuar com seu hobby de pintura.

Depois de priorizar seus objetivos, Laís pesquisou o que ela precisava fazer para se manter focada.

- **Exercícios físicos:** para manter-se em forma, ela combinou um passeio todas as quartas-feiras com três amigas. Ela anotou em seu diário como um compromisso semanal. Também decidiu ir ao shopping local todos os dias para comprar jornal, o que levaria aproximadamente 20 minutos.
- **Trabalho comunitário:** para se envolver em um trabalho comunitário, Laís foi a um berçário para ver se estavam precisando de motoristas voluntários ou atendentes. Ela também contatou o Gabinete de Apoio aos Cidadãos local para descobrir outras oportunidades disponíveis para trabalho voluntário na área.
- **Hobbies:** para prosseguir com seu hobby de pintura, Laís se matriculou em uma escola local em aulas semanais de artes.

Escolhendo vitórias rápidas

Vitórias rápidas são aquelas tarefas que você sabe que pode completar rápida e facilmente e que contribuem para atingir seu objetivo. Vitórias rápidas fornecem resultados instantâneos para mantê-lo motivado e o ajudam a sentir que está fazendo progresso em direção aos seus objetivos. Elas podem melhorar sua confiança e a crença de que pode realmente atingir seu objetivo e o ajudam a se sentir bem consigo mesmo.

Dividindo os objetivos em partes viáveis

Depois de priorizar seus objetivos, dividi-los em partes menores vai facilitar seu alcance e ajudar a manter sua motivação. Olhar para uma tarefa como uma série de passos possíveis, em vez de olhar o objetivo final, o ajuda a parar de se sentir pressionado.

DICA

Se o seu objetivo é mudar de casa, alguns dos pequenos passos podem incluir:

- Contatar imobiliárias para registrar seu interesse e definir suas condições.
- Obter detalhes de propriedades em potencial para visitação.
- Buscar na internet.
- Dirigir por várias áreas para ver possíveis locações.
- Rever seu orçamento e financiamento.

CASOS E CAUSOS

Pedro queria se sentir melhor quando jogava futebol com seu filho. Para tornar seu objetivo atingível, ele o dividiu em pequenas partes. Primeiro, contatar seu amigo Jonas. Em seguida, arrumar um tempo em sua agenda para andar com Jonas por uma hora a cada semana, por quatro semanas. Era apenas um compromisso semanal e um pequeno passo para ajudar na direção de seu objetivo de entrar em forma, o que dava a Pedro a motivação para começar.

Encarando Seus Demônios

Os *demônios* são os aspectos de sua vida que o impedem de efetuar mudanças ou fazer algo diferente. Embora você esteja motivado, seus demônios podem impedi-lo de atingir seus objetivos.

Uma mordida por vez!

Lembre-se do ditado — "Como você come um elefante?" Resposta: "uma mordida por vez"!

Quando estou escrevendo, minhas vitórias rápidas são o término de pequenas seções dentro de cada capítulo, para que eu possa visualizar que o livro está tomando forma. Inicialmente mapeio as áreas-chave e encaro primeiramente as seções menores para que eu possa sentir que estou progredindo.

"Demônios", às vezes, são apenas afirmações ou desculpas. Com que frequência você tem ouvido as pessoas dizerem as seguintes frases?

- Quando tiver tempo, farei..
- Um dia eu chego lá..
- Começarei na próxima semana.
- Outras coisas são mais importantes no momento.
- Não sei bem por onde começar.
- Tenho medo de encarar.
- Nunca fiz isso antes.
- Quando eu tinha oito anos de idade, meu professor ria quando eu falava em classe e agora não consigo me apresentar em público.

Que outras desculpas pessoais você utiliza que o impedem de atingir seus objetivos?

O demônio pode ser o próprio objetivo.

Identificando seus demônios

Seus demônios podem incluir o seguinte:

- Trabalhos domésticos ou de manutenção que você vive adiando.
- Papéis se empilhando.
- Telefonemas não retornados.
- Amigos que você não consegue contatar.
- Um projeto que você não consegue iniciar.
- Uma declaração de impostos esperando para ser feita.

DICA

Você também pode escrever sua própria lista de demônios pessoais. Ficar cara a cara com os demônios o ajuda a ver o que o impede de encarar seu objetivo.

Tente identificar o que, em particular, impede você de iniciar seu trabalho rumo ao seu objetivo.

Encarando seus demônios para se manter motivado em direção aos seus objetivos

Após ser honesto consigo mesmo e identificar seus demônios, você está pronto para encará-los. A forma de enfrentá-los difere de pessoa para pessoa. Geralmente, o ato de reconhecer e encarar seus demônios é suficiente para mandá-los embora.

A influência da madrasta

Uma amiga se sentia muito desmotivada após os feriados natalinos. Ela precisava desenvolver seus negócios ainda mais para poder gerar novos clientes, mas estava com dificuldades para trabalhar e tomar decisões sobre novas propagandas e promoções. O que eventualmente a empurrou para a ação foi um telefonema de sua madrasta convidando-se para visitá-la! Minha amiga imediatamente aspirou toda a casa, arrumou o quarto das crianças e limpou a cozinha. A grande limpeza fez com que ela se sentisse mais energizada e mais positiva para iniciar o trabalho para desenvolver seu negócio. A casa desarrumada era como um "demônio" que lhe causou um período de estagnação. Uma vez que lidou com o demônio e limpou a casa, ela se sentiu motivada para planejar uma estratégia para conseguir novos clientes e fazer seu negócio prosperar.

Algumas vezes, imaginar trancar seus demônios na dispensa pode ajudar. Você também poderia tentar listar seus demônios ou conversar com um colega para ajudá-lo a entrar em ação. Por exemplo, se seu demônio está em uma questão tecnológica com seu computador, é melhor ir em frente e ter o risco de cometer um erro do que continuar a não fazer nada. Você geralmente aprende algo de novo com a experiência, o que o ajuda a encarar o demônio.

A frase "apenas faça" é muito apropriada. Um telefonema de sua madrasta sobre uma visita pode estimulá-lo para a ação. Olhe ao seu redor. Existe algo que você veja que o impede de trabalhar em seus objetivos? Existem tarefas que realmente precisa encarar primeiro? Alguns avisos importantes para dar, telefonemas, reuniões? Faça-os hoje, orgulhe-se e curta esta sensação. Depois de colocar seus demônios de lado, estará com a mente preparada para focar em seus objetivos.

Capítulo 6

Mantendo a Motivação Agora e Depois

Neste Capítulo

- Visualizando a motivação em sua vida
- Reconhecendo o que o move

Muito bem! Você reuniu a motivação necessária para assumir aquele projeto importante. Você está preparado para um grande começo. Entretanto, permanecer motivado é a chave para o sucesso de seu objetivo. Neste capítulo, sugiro várias técnicas para mânter sua motivação, especialmente quando ficou hesitante depois de passada a excitação inicial.

Visualizando a Motivação

Visualizar significa imaginar uma situação particular em sua mente – como qual seria a sensação de morar em sua casa nova ou encontrar com seus colegas do tempo do Ensino Fundamental, nenhum de vocês tendo mudado nada! Visualização é uma maneira poderosa de colocar seus músculos mentais em ação para imaginar os objetos ou aspirações em sua mente antes mesmo que aconteçam. A mente não sabe a diferença entre o que é imaginação e o que é real.

Quando você executa a tarefa que visualizou antes, seu cérebro pensa que já realizou esta tarefa.

A visualização funciona em qualquer situação, em casa ou no trabalho. A visão, claro, é o principal sentido usado na visualização, mas utilizar seus outros sentidos como o olfato, a audição, o tato e o paladar torna esta técnica muito mais poderosa.

Aqui está um resumo de como trabalhar a técnica da visualização:

1. **Tire um momento para refletir sobre seu último feriado.**

   Feche seus olhos para bloquear qualquer coisa que o distraia.

2. **Relembre todos os detalhes que puder do seu feriado.**

   Onde você ficou; com quem estava; o que estava fazendo; o que vestiam; como estava o tempo; sobre o que as pessoas falavam; como você se sentia. Ao trazer estas imagens para sua mente, tente torná-las o mais coloridas que puder, utilizando todos os sentidos.

3. **Ao se lembrar do feriado, imagine-se abrindo os olhos. Veja o que está ao seu redor, ouça os sons e concentre-se no que está sentindo.**

   Você também pode querer incorporar seus outros sentidos de olfato, tato e paladar.

Você viajou pela sua mente. Tendo ensaiado a técnica de visualização, pode agora planejar eventos futuros, visualizando seus resultados.

DICA

Quanto mais detalhes trouxer para sua visualização, melhor o resultado.

Vendo seu sucesso

Seu senso de visão lhe permite trazer imagens em sua mente, como se estivesse pintando um quadro. Utilize todas as cores, experimente com luz e escuridão, sol e sombra. Tente adicionar um movimento, como se fosse um filme.

DICA

Pratique, alterando seu quadro de preto e branco para colorido, e imagine movimentos. Enxergar-se representando o papel principal, como se fosse um ator, o ajuda a tornar a sua visualização mais forte e poderosa.

Observando seus sentimentos

Ao se visualizar completando uma tarefa ou atingindo um objetivo, esteja atento às sensações que está experimentando e como elas afetam o seu corpo. Desenvolva o nível de intensidade de suas sensações como se estivesse regulando a quantidade de luz com um controle, ou percorrendo uma escala de "0" a "10", onde "0" representa "não sentir nada" e "10" representa "sentir intensamente".

Para ressaltar seus sentimentos, lembre-se e pense em situações em que viveu fortes emoções e sensações intensas, tanto boas quanto ruins. Por exemplo, como se sentiu ao passar naquele exame, ou como se sentiu quando não ganhou aquela promoção. Pergunte a si mesmo como você lida com os sentimentos positivos ou negativos de cada situação. Onde, em seu corpo, você sente as sensações mais intensas? Se quer aumentar a intensidade da sensação positiva, o que precisa fazer ou em que precisa pensar?

Ouvindo elogios

Ouvir sua própria voz e a voz de outras pessoas em sua visualização intensifica sua sensação de estar presente. Para tornar sua imagem mais real, tente experimentar com diferentes tons de voz, sotaques, ritmos, agitada e tranquilamente, como se tivesse ajustando o volume do rádio ou de um sistema de som.

Imagine ouvir palavras de elogio de amigos, familiares, colegas de trabalho ou uma plateia aplaudindo; com certeza isso o ajudará a manter a motivação. Lembre-se, tão bom quanto ouvir os sons sua visualização também pode incluir o silêncio e a sensação de paz.

NA PRÁTICA — Visualize-se definindo uma tarefa e arrumando seu quarto de bagunças. Você estará motivado pelo resultado final de ter um quarto arrumado que poderá usar e conseguir encontrar as coisas novamente!

Usar a visualização para ensaiar uma tarefa ou imaginar atingir um objetivo pode fortalecer sua motivação para encarar uma tarefa real. Durante a visualização, seu inconsciente assume o evento como se ele estivesse acontecendo agora, com cada aspecto da tarefa que foi imaginada.

Para que a visualização trabalhe por você, seja específico sobre os sons, cores e sensações em sua imagem, para que ela seja forte e poderosa. Encontre um lugar sossegado onde não seja incomodado e medite sobre falas inspiradoras e citações motivacionais. Técnicas de visualização têm sido utilizadas com sucesso em atividades como pisar em brasas e coisas fora de nossos limites. Utilizar estas técnicas é uma poderosa ferramenta para imaginar o que é ter sucesso e ser motivado.

Viajando através do tempo

Imagine você caminhando por uma floresta, sem qualquer obstáculo, ou margeando um riacho. Ao passar por uma clareira ou chegar a uma curva do rio, note os desafios: a que distância está da rota, o que viu e ouviu, o tempo que está levando, como se sente. Visualizar através do tempo e ultrapassar cada desafio aumenta sua motivação para atingir seu objetivo.

A visualização é uma técnica poderosa, mas você precisa praticá-la regularmente a fim de mantê-la funcionando e para que o resultado desejado permaneça em sua mente.

Impulsionando-se para a Frente

Descobrir o que o move é a chave para se manter motivado. Pense na motivação por detrás dos seguintes objetivos:

- Ganhar uma competição lhe motiva a terminar o trabalho no prazo.
- Fazer parte e terminar uma corrida lhe motiva a se exercitar regularmente.
- Uma recompensa financeira lhe motiva a trabalhar mais.
- Se sentir bem naquela roupa lhe motiva a comer menos e se exercitar mais.
- Atingir um reconhecimento público em seu trabalho lhe motiva a perseguir sua ambição de uma mudança na carreira.

Você pode se sentir estimulado a agir por razões tanto positivas quanto negativas – como se exercitar diariamente para atingir um condicionamento físico ou se exercitar diariamente só para não ficar doente. O Capítulo 3 aborda melhor este tópico.

Sofia participa de minhas aulas semanais de Pilates. Ela sabia que tinha de praticar em casa nos intervalos de suas aulas semanais. Ela tinha um DVD dos exercícios largado na mesa da cozinha. Mas Sofia encontrou a chave para se lançar à ação. Ela descobriu que precisava arrumar um tempo para a prática de Pilates, repetindo para ela mesma: "Vou me exercitar às 10 horas." Dizer simplesmente "Vou me exercitar em *algum horário* hoje" não funcionava. Surpreendentemente, Sofia também disse que tinha que "se livrar de sua mãe" antes que pudesse encarar seus exercícios. Sua mãe fica sempre com ela e Sofia percebeu que se sentia inibida com a mãe a observando.

O que o move? Algum dos itens abaixo lhe chama a atenção?

- O prazer de um dia de remo lhe inspira a dar umas remadas?
- O constrangimento de chegar atrasado a uma reunião de negócios e perder o contrato lhe faz adquirir um GPS?
- O medo de fazer uma má apresentação em uma conferência lhe impulsiona a cancelar seu final de semana a fim de praticar e aperfeiçoar suas técnicas?
- A raiva ou a dor que você sente depois de um desentendimento com um velho amigo o leva ao confronto em vez de evitá-lo?

Pense sobre seus objetivos para a próxima semana e o próximo mês e então decida que fatores o movem e o mantém motivado para atingir seus objetivos. Os tópicos a seguir sugerem meios para ajudá-lo a se manter na direção de seus objetivos.

Aceitando seu sucesso

Experimentar o fator "sentir-se bem" ao completar uma tarefa, geralmente, o encoraja a encarar a próxima tarefa, seja ela menor ou maior. Ter um tempo para digerir seu sucesso é uma grande maneira de se motivar para alcançar seus futuros objetivos.

Algum dos itens abaixo lhe dá a satisfação de dever cumprido?

- Pagar as contas
- Ligar para um parente idoso
- Responder sua lista de e-mails
- Ler e assimilar um relatório de negócios
- Fazer as compras do mês
- Limpar seu armário
- Fazer uma proposta comercial
- Terminar seu imposto de renda
- Varrer as folhas do jardim
- Completar um questionário de desempenho com um membro problemático de sua equipe
- Concluir uma negociação difícil
- Terminar um projeto no prazo e no horário

Aceitar sua realização dizendo "muito bem", dar-se uma recompensa, ou simplesmente um tempo para curtir seu próprio sucesso.

As pessoas são movidas por mecanismos diferentes no quesito reconhecimento. Os que precisam ouvir dos outros que estão fazendo um bom trabalho são chamados de pessoas de "reconhecimento externo" e aqueles que preferem o auto elogio são chamados de pessoas de "reconhecimento interno".

- **Reconhecimento interno:** têm um sentimento positivo quando sabem que fizeram um bom trabalho. Elas se sentem felizes por dentro e não precisam ouvir elogios de outras pessoas.

Por exemplo, uma colega prefere escrever sob um pseudônimo – ela se sente reconhecida inteiramente e não precisa receber elogios. Ela descreve que o que a realiza é o prazer de escrever, e não o de ter seu trabalho publicado com seu nome real e ter um reconhecimento público.

- **Reconhecimento externo:** gostam de tornar público seu sucesso. Por exemplo, ao ouvir comentários positivos de colegas e verem seus relatórios sobre suas realizações serem publicados.

Algumas vezes, em relacionamentos pessoais, você descobre que os parceiros têm pontos de vista opostos para reconhecer o sucesso. Um parceiro pode gostar de elogios enquanto outro não. Da mesma forma, nos negócios, alguns membros da equipe podem precisar de elogios para se sentirem motivados e contribuírem para os esforços do time, enquanto outros não, mesmo sabendo que estão fazendo um bom serviço.

Relatórios de desempenho são valiosos para conhecer e elogiar sua equipe por suas realizações.

DICA

Decida se você prefere reconhecimento interno ou externo e utilize o elogio e o sucesso para aumentar sua motivação.

Eu dou treinamentos e considero que o retorno dos participantes não tem preço – geralmente obtenho este retorno através de formulários de avaliação. Eu valorizo os comentários, pois eles são importantes para me motivar a dar os cursos.

Mantendo-se no curso

Para manter você e seu time motivados e no caminho certo, revise constantemente seu plano de ação a fim de fazer as mudanças necessárias. Ser flexível, tentar alternativas, talvez novos membros, e mudar o horário, ajuda a manter você e sua equipe motivados.

Limpando a garagem!

Jan e Gabriel eram bem conhecidos pelo estado terrível da garagem deles. Ela havia se transformado em um depósito de lixo, não podia ser fechada, e não era usada para seu propósito original – de estacionar o carro – há muitos anos . Jan e Gabriel viviam dizendo "precisamos arrumar a garagem", mas isso nunca acontecia.

Sempre interessada no que motiva as pessoas, fui levada a perguntar por que eles nunca se reuniam para limpar e arrumar a garagem. O que descobri foi fascinante. Ficou claro em nossa conversa que "uma garagem arrumada" não era o objetivo de nenhum deles. Nenhum deles teve uma pontuação elevada no quesito arrumação. Para Gabriel, a garagem era um lugar para guardar suas ferramentas, para que pudesse ver o que tinha e encontrá-las quando precisasse. Para Jan, a garagem era um lugar para manter o carro aquecido e seco para que, no inverno, ela não precisasse ficar no frio tirando o gelo de seu para-brisa. Armada com essas informações, pude conseguir que Jan e Gabriel visualizassem como seria uma garagem limpa e arrumada. Gabriel visualizou seu espaço para guardar suas ferramentas, Jan imaginou um abrigo para seu carro fugir do mau tempo. Utilizando as técnicas de visualização descritas neste capítulo, Gabriel viu em sua mente suas ferramentas penduradas nas paredes. Pedi para que aumentasse as cores em seu quadro, e ele me disse que via suas ferramentas limpas e brilhando. Ele podia se ouvir dizendo "Vou pegar minha chave de fenda", e sentiu o prazer de conseguir encontrar as ferramentas certas para cada trabalho.

Jan visualizou o espaço para estacionar seu carro com facilidade na garagem. Ela ampliou sua visualização para uma manhã de inverno e sentiu o prazer de não ter que retirar o gelo de seu para-brisa. A limpeza da garagem demorou alguns finais de semana, mas ao recorrer às suas visualizações, Jan e Gabriel mantinham sua motivação para completar a tarefa. Embora estivessem motivados por diferentes motivos, ambos eram capazes de se lançar em direção a atingir um objetivo comum.

Capítulo 7

Lidando com Contratempos

Neste Capítulo

- Transformando os obstáculos em sua cabeça
- Fazendo planos alternativos
- Encarando seus medos

Geralmente, as pessoas veem o contratempo pelo aspecto negativo. Neste capítulo, você verá o lado positivo dos obstáculos – como eles podem lhe dar a oportunidade de mudar a direção ou recomeçar. Veremos também como superar os obstáculos e se manter motivado, e o valor de se ter planos de contingência para mantê-lo nos trilhos.

Superando os Contratempos e as Dificuldades

Reconhecer que você está lutando para se manter motivado é o seu primeiro passo positivo na direção da superação de um obstáculo.

Geralmente, suas melhores realizações são aquelas nas quais você lutou mais. Manter a motivação é um desafio, e você pode precisar lutar contra si mesmo, mas se a tarefa for muito fácil, não irá mantê-lo suficientemente motivado.

Manter-se motivado e superar os contratempos envolve esforço e prática. E é preciso descobrir novas técnicas ao longo do caminho para seguir em frente.

Entendendo os contratempos

Você planejou cuidadosamente seu plano de ação e tomou decisões difíceis – então, um obstáculo mostra a sua cara feia quando menos espera. Pode ser muito frustrante descobrir que as coisas não vão como o planejado. Contratempos acontecem por inúmeras razões: horários são alterados, mudanças na equipe, recursos, clima, doença, compromissos familiares ou de trabalho, acidentes, demandas de consumidores ou clientes. Parece que os eventos conspiram contra você, impedindo que se mova ou complete a tarefa.

Entretanto, contratempos fazem parte de nossas vidas. Você conhece alguém que não foi bem-sucedido em uma entrevista de emprego e descobriu que a outra entrevista tinha mais a ver com suas habilidades particulares? E qualquer um envolvido na compra de uma casa sabe muito bem que há contratempos – e muitos mesmo!

Como você lida com a situação e suas opções, definirá se o atraso será um pequeno contratempo ou um grande obstáculo. Se o seu caso for a última opção, talvez precise reavaliar se está mesmo no caminho certo ou se deve mudar completamente o rumo. Lidar com um pequeno contratempo apenas envolve engrenar a marcha novamente.

Um contratempo geralmente contém uma mensagem valiosa escondida. Você precisa estar atento para ouvir o que a mensagem está lhe dizendo. Algumas vezes deve olhar mais profundamente para encontrar a mensagem escondida. Seja honesto com você mesmo. Pergunte-se "o que está causando o declínio?" Recomece (veja o Capítulo 3), continue se perguntando "o que está me impedindo?", e recoloque seu foco no objetivo final. Pegue os resultados e use-os em seus planos futuros.

Psicólogos e peritos motivacionais sempre se referem à citação: "Não existem coisas como falhas, somente resultados." Isso lhe convida a pensar, o que os outros veem como falhas pode ser uma oportunidade para aprender mais sobre o que está acontecendo.

O sucesso vem das tentativas.

Se no início você não obtiver êxito, tente, tente e tente novamente!

Alguns anos atrás eu trabalhava para uma companhia de seguros de saúde que estava passando por grandes reestruturações. A equipe médica, da qual eu fazia parte, estava sendo reestruturada, e muitas pessoas da equipe, incluindo eu mesma, estavam sofrendo com as dispensas para a redução do quadro de funcionários. Todos foram consultados durante o processo, mas foi um tempo difícil para todos nós. O processo foi extremamente inquietante, pois tentávamos decidir se procurávamos outra vaga na mesma companhia ou procurávamos outro emprego.

Olhando para trás, percebo que essa redução no quadro de funcionários estava se tornando uma grande oportunidade. Fundei minha própria companhia de consultoria em saúde. Isso acabou sendo uma mudança muito positiva, embora na época pensasse que se tratava de um grande contratempo, mas acabou provando ser um ponto de partida para treinamentos, rede de relacionamentos com novas pessoas e ganho de independência. Novas avenidas de oportunidades se abriram para mim, o que não teria acontecido se tivesse ficado naquela empresa.

Vendo o lado positivo

A próxima vez que você experimentar um contratempo no trabalho ou em casa, pergunte a si mesmo o seguinte:

- Qual a razão do contratempo?
- O que eu posso fazer?
- Existe uma abordagem diferente que eu possa tentar?
- Que outras pessoas posso envolver?
- O que isso me libera para fazer?
- Posso ter uma perspectiva diferente?
- Terá alguma vantagem financeira?

- Meu plano alternativo será mais efetivo?
- Preciso ser mais flexível?
- Como posso encarar as coisas de modo diferente?

Seja flexível e veja os resultados positivos criados pelos contratempos e foque em novas opções que talvez não tenham lhe ocorrido na primeira vez.

Um contratempo pode ser uma viagem ao descobrimento. Uma oportunidade valiosa para tentar algo novo.

Lembrando-se dos benefícios

Se você se vê lutando para superar um contratempo, tente sempre se lembrar da visão geral. Por exemplo, quando escrevo imagino o livro completo em minha mente e não me permito ficar desmotivada se não atingir o estágio desejado.

Recentemente, estava trabalhando com um grupo de estudantes de MBA, ajudando-os a preparar uma série de eventos de networking com grandes empresas, dando aos estudantes a oportunidade de encontrar um novo emprego, ou um avanço em suas carreiras. Alguns estudantes não estavam entusiasmados com o evento porque eles não gostavam de pensar em entrar em uma sala cheia de pessoas que eles não conheciam. Para ajudá-los a superar seus receios, estimulei-os a se lembrarem dos benefícios que obteriam ao participar. Participar efetivamente, e ter a coragem de se apresentar para novas pessoas, facilitou suas vidas a longo prazo, ao estabelecer novos contatos e garantir novos clientes.

Pensar sobre os benefícios de uma mudança de direção ou assumir um novo projeto é importante. Aqui estão alguns benefícios de se superar um contratempo e começar de novo:

- Ganhar uma promoção
- Recompensas financeiras maiores
- Conhecer pessoas novas

- Adquirir novas habilidades
- Encarar um desafio
- Atingir seu objetivo
- Ganhar um novo contrato
- Sair de um relacionamento difícil
- Viajar para o exterior
- Melhorar as habilidades de comunicação

Ter um tempo para avaliar como o seu projeto está evoluindo pode ajudar você e sua equipe a ver os benefícios que seu trabalho está trazendo e ajuda a manter a motivação e a todos nos trilhos.

Focando nas recompensas

Recompensas podem agir como um incentivo para mantê-lo motivado a terminar uma tarefa. Manter sua mente focada nos benefícios que irá receber ao superar um contratempo pode aguçar seu foco e amenizar sua luta.

DICA

"Quando as coisas se tornam difíceis, elas se resolvem por si só". Mantenha-se nos trilhos, lembrando-se que cada obstáculo está lá para ajudá-lo a se tornar mais forte e mais focado.

Criando um Plano de Contingência

Contratempos podem abalar o seu equilíbrio, mas ter um plano alternativo no caso de algo inesperado acontecer, vai lhe ajudar a manter o curso e continuar motivado para atingir seu objetivo.

Planos de contingência podem ir de um simples plano B a um documento oficial de estratégias para a crise, utilizados por empresas ou hospitais. Um plano de contingência lhe ajuda a lidar com um evento inesperado de uma maneira calma e sem estresse, dando-lhe a certeza de que você é capaz de lidar com a tarefa que está em suas mãos.

Sabendo a quem pedir ajuda

Quando você se vê envolvido em um evento inesperado, ter um *backup* e saber a quem chamar pode ser vital. Seu sistema de suporte pode incluir amigos, família, vizinhos, colegas e profissionais.

Atualizando seu plano de ação

Certifique-se de que seu plano de ação esteja atualizado. Se algum imprevisto acontecer, você pode precisar, por exemplo, adaptar seu horário, trazer pessoas diferentes, ou refazer seu orçamento.

Escalas de horários são importantes para algumas pessoas. Ajuste os horários em seu plano de ação como *se fosse hoje*. Planos de ação devem ser sempre atualizados quando você tiver uma nova informação. Entretanto, não deixe de escrever seu plano de ação só porque não possui todos os detalhes à mão.

Sabendo Quando o Medo lhe Afeta

O medo é uma emoção muito forte, especialmente quando você encara uma situação de perigo. Da mesma forma, o medo pode afetar sua motivação e o impedir de levar à frente as tarefas necessárias. Uma pessoa pode experimentar uma sensação real de perigo em uma situação particular, enquanto outra pessoa acha que a mesma situação é meramente um desafio.

O medo pode ser um obstáculo, impedindo-o de seguir em frente, porque você está apavorado com o que pode acontecer. O medo pode paralisar qualquer ação, até que você o encare e supere.

Seu cérebro transmite seus sentimentos de medo para seu corpo. A adrenalina é liberada rapidamente para seu corpo, preparando-o para a fuga ou para a luta. Quando o hormônio adrenalina é liberado, há um pico de energia em seu corpo. Se esta energia não for utilizada, ocorre o pânico. Uma pressão se acumula no corpo, como em uma panela de pressão, afetando sua reação a outras pessoas, como gritar com um amigo ou demonstrar raiva no trânsito. A pressão também pode causar sensações de ansiedade, desespero e depressão.

A Figura 7-1 mostra uma variedade de sintomas que podem ocorrer quando você experimenta o medo ou a hostilidade. Os sintomas são causados pela adrenalina percorrendo seu corpo.

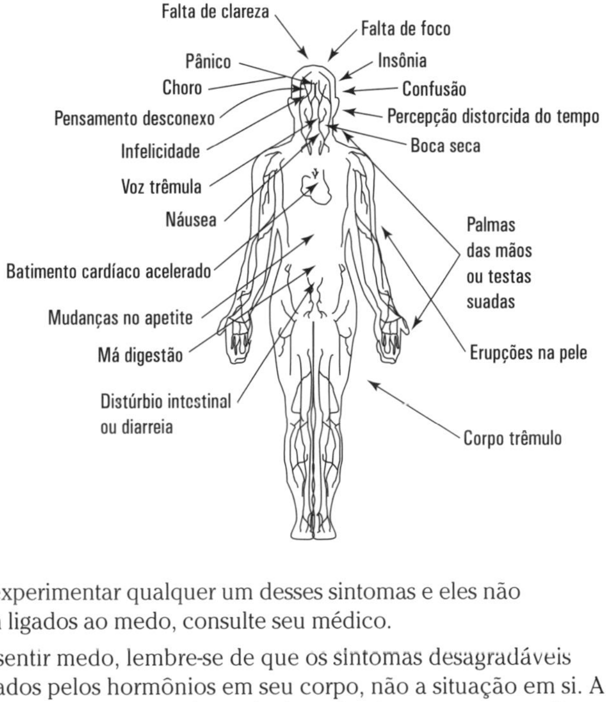

Figura 7-1: Como seu corpo reage ao medo e à hostilidade.

Se você experimentar qualquer um desses sintomas e eles não estiverem ligados ao medo, consulte seu médico.

Quando sentir medo, lembre-se de que os sintomas desagradáveis são causados pelos hormônios em seu corpo, não a situação em si. A ação de aceitar a sensação de medo é o primeiro passo para se livrar dos sintomas.

Enfrentando o medo

Quando você encara uma situação difícil, vai ter dificuldade em pensar claramente, e será difícil encontrar a motivação para confrontar o medo. Desistir de algo ou dar o próximo passo também pode dar medo, assim como enfrentar as mudanças e enfrentar um território desconhecido. Se continuar a conviver com o medo em vez de enfrentá-lo, ele irá crescer em sua mente, impedindo-lhe de lidar com ele.

Seu primeiro passo é admitir que sente medo. Este passo geralmente é o mais difícil. Após aceitar o medo, você está a meio caminho de superá-lo.

CASOS E CAUSOS

Uma colega que estava se divorciando descreveu o medo que ela sentia sobre estar tomando a decisão certa. Em sua mente, ela queria o divórcio, mas estava apavorada de deixar a segurança de seu lar e mudar para uma área completamente nova. O divórcio também significava desafios financeiros. Para que ela superasse seu medo de começar uma nova vida, encorajei-a a escrever seus medos e preocupações. Este processo permitiu que ela fosse totalmente honesta consigo mesma e identificasse seus medos específicos, que a impediam de seguir em frente.

DICA

Você pode escolher confrontar seu medo falando dele, escrevendo seus pensamentos e trazendo seus medos até sua mente. Fazer isso o prepara para a ação e para seguir em frente.

CASOS E CAUSOS

Experiências da infância

Passar pelos medos da infância e sair sem sequelas, irá mantê-lo firme na vida adulta. Quando era adolescente, fui praticar atividades de canoagem e alpinismo. Parte da experiência da canoagem era virar a canoa de ponta-cabeça para que você aprendesse a se virar quando estivesse sob a água. Aprender esta técnica foi difícil. Eu ficava pensando que estava em uma situação segura, com pessoas experientes a minha volta e que tinha de dominar esta técnica para minha própria segurança.

Fui aprendendo a técnica passo a passo em minha mente. Finalmente mergulhei, usando a técnica com sucesso pela primeira vez. No fim do feriado, estava praticando minha técnica sem nenhum problema, embora tenha que admitir, algumas vezes intencionalmente!

Aquele desafio adolescente me deu uma nova confiança e, ao crescer, descobri que estava mais forte para encarar novos desafios.

Pergunte a você mesmo as seguintes questões, quando enfrentar uma situação de medo ou dificuldade:

- O que está me impedindo?
- Que pensamentos passam pela minha mente?
- O perigo é real ou imaginário?
- A situação pode ser evitada?
- Quem pode me ajudar?
- Minha paralisia está tornando a situação pior?
- O que tenho medo de fazer?
- Qual seria a pior coisa que poderia acontecer?
- Por que não quero fazer uma mudança?
- Do que sinto mais medo?

Controlando seus medos

Tente as seguintes técnicas para ajudá-lo a superar seus medos:

- **Pratique.** Encare seu medo para descobrir como superá-lo. Isso significa partir para a ação. Ficar em casa lendo sobre como aprender a dirigir é gostoso, mas, eventualmente, você terá de se sentar atrás de um volante e ligar a chave de ignição.
- **Faça.** Colocar as coisas de lado não leva a lugar algum e a situação permanece a mesma. Reserve um espaço em sua agenda para fazer aquilo que você vem adiando.
- **Dê o primeiro passo.** Após tomar a decisão de dar o primeiro passo para superar seu medo, você estará no caminho para a mudança. O próximo passo se torna mais fácil e o impulsiona para a mudança.
- **Confronte o medo.** Se você continuar a viver com o medo, poderá se sentir aprisionado e experimentar mais sofrimento. O medo lhe impede de atingir seus objetivos.

- **Pense no pior cenário.** Qual é a pior coisa que pode acontecer com você? Então repita para você mesmo que pode lidar com ela.
- **Tenha coragem.** Não passe sua vida "desejando que tivesse feito algo diferente", mas que nunca teve a coragem de tentar.
- **Procure as alternativas possíveis.** Algumas vezes você não precisa confrontar o medo de frente, mas pode explorar primeiro outras opções.
- **Dê pequenos passos.** Você não precisa fazer grandes mudanças imediatamente. Algumas vezes, dar pequenos passos é mais fácil. Por exemplo, um mergulhador começa com pequenos mergulhos antes de mergulhar de uma grande altura. Dar pequenos passos, um por vez, aumenta sua confiança.
- **Peça ajuda aos seus amigos.** Se possível, encontre um amigo que esteve em uma situação semelhante.

Parte III

Desenvolvendo Ferramentas Motivacionais

"Ok, então o que mais o motivou a querer ser um bombeiro, Sr. Trimblott?"

Nesta parte...

Você tem todas as ferramentas à sua disposição, apenas tem que saber como e quando usá-las. Nesta parte, você vai descobrir o que acontece em seu cérebro, e como usá-lo pode ajudar em sua motivação. Vai desvendar os segredos das recompensas e incentivos, e o que elas significam em seu plano para atingir seu objetivo.

Capítulo 8

Usando Incentivos para se Motivar

Neste Capítulo

- Entendendo os incentivos
- Escolhendo os incentivos
- Combinando os incentivos com a situação

Recompensas são úteis para focar sua mente e suas ações, especialmente quando você está com dificuldades para se motivar. Neste capítulo, você explorará a importância dos incentivos e recompensas para alcançar os seus objetivos. Eu também lhe apresentarei inúmeras ideias sobre recompensas que podem ser atraentes para você.

Benefícios dos Incentivos no Lar e no Trabalho

Um *incentivo* é um prêmio que o encoraja a fazer um esforço extra, assim como trabalhar mais em um projeto, ou produzir um resultado ainda maior. A ideia por trás do incentivo é alcançar um objetivo.

Os incentivos podem ser tangíveis ou intangíveis. Um *incentivo intangível* (também chamado de uma *recompensa intrínseca*) tem valor em fazer você se sentir bem consigo mesmo. Um *incentivo tangível* é uma recompensa financeira ou material que lhe dá um reconhecimento público pela conquista. Isso também é conhecido como uma *recompensa extrínseca*. Você pode receber tanto uma recompensa intrínseca quanto extrínseca; de fato, em muitas situações, a recompensa intrínseca é realçada com uma recompensa extrínseca também.

Os incentivos não são limitados ao uso pessoal. Muitas companhias acreditam que ter um esquema de incentivos e reconhecimento ajuda a melhorar o desempenho dos empregados, que geralmente experimentam moral elevado, mostram lealdade à companhia e se sentem fortalecidos quando são recompensados.

Os incentivos podem ser individuais, a um grupo de empregados ou para uma equipe trabalhando em um projeto. Também ajuda a motivar os trabalhadores a alcançar os objetivos.

Quando as ideias são recompensadas, as pessoas acreditam que suas ideias fazem a diferença. A recompensa, então, mostra a confiança e o comprometimento administrativo e encoraja as pessoas a participarem e a fazerem contribuições de qualidade.

Criando Incentivos

É importante combinar os incentivos com os indivíduos, o grupo ou a empresa. Se você gosta de chocolate, provavelmente ficaria feliz ao receber uma grande caixa do seu chocolate favorito! Você pode experimentar a mesma sensação ao receber uma recompensa inesperada.

Na Páscoa, eu, geralmente, dou miniovos para meus clientes de Pilates após a aula. Ao fazer isso, eu os recompenso pelo seu trabalho árduo, mas também os encorajo a fazer os exercícios regularmente para manter sua condição física em dia e comer, ocasionalmente, um chocolate no futuro.

Amei o comentário que recebi de uma de minhas alunas de Pilates. Ela mencionou como sua empresa oferecia uma variedade de incentivos em dinheiro e prêmios para encorajar os empregados a alcançarem certos objetivos. A maioria de suas colegas estava feliz com qualquer incentivo que houvesse, mas para ela o "chocolate é que funcionava toda vez!". Você pode achar que o chocolate é apenas um incentivo menor. Entretanto, se o incentivo lhe ajuda a se manter motivado para alcançar seus objetivos, então, ele funciona.

Incentivos diferentes podem trabalhar de formas diferentes. Um incentivo que move uma pessoa pode ser um grande revés para outra. Analise quais os incentivos dos próximos tópicos combinam com suas aspirações.

Incentivos pessoais

Você está tendo problemas em manter sua casa arrumada, pagar suas contas em dia, perder peso? Talvez os incentivos a seguir possam lhe ajudar com algumas ideias.

Saúde e exercícios físicos

Algumas companhias de seguro de saúde oferecem uma apólice reduzida para indivíduos que possam provar que estão buscando um estilo de vida saudável. Por exemplo, fazer check-ups regulares; não fumar; perder peso; ir à academia.

A maioria dos grupos de emagrecimento (como os Vigilantes do Peso) oferecem como incentivo para cada semana em que você perca peso, a isenção do pagamento de sua taxa semanal.

Patrocínio

Correr uma maratona, fazer um salto de paraquedas ou fazer parte de uma caminhada patrocinada ou uma dieta patrocinada são excelentes formas de levantar dinheiro para instituições de caridade, sabendo que você não quer decepcionar seus amigos que lhe estão patrocinando.

Comprar uma roupa nova

O incentivo de comprar uma roupa nova pode aumentar sua motivação para finalizar seu projeto pessoal ou profissional, ou até mesmo perder aqueles quilos extras. Não apenas é um grande incentivo para trabalhar duro, mas você se visualiza na roupa nova, o que acaba agindo como um motivador.

Passar um fim de semana fora

Ter o incentivo de visitar um novo lugar, aproveitar um fim de semana relaxante e curtir o tempo livre lhe encoraja a trabalhar duro para ganhar um contrato de trabalho ou finalizar um projeto da casa.

Aproveitando um almoço

Quando você tem uma vida pessoal ou profissional muito agitada, ter tempo para aproveitar um almoço especial ou comer fora geralmente é um luxo. Você poderia receber uma recompensa por terminar aquela limpeza, ajudar um amigo com um projeto ou cuidar de um amigo doente.

Recompensando um bom comportamento

Recompensar um bom comportamento é muito importante, especialmente quando as crianças estão crescendo; isso as ajuda a aprender a importância de se esforçarem na escola, fazer seus deveres de casa, praticar um instrumento musical, e assim por diante. A recompensa pode ser um simples "muito bem" ou um "obrigado", ou um novo brinquedo, um agrado ou um dia de folga.

Mantendo suas crianças felizes

Oferecer um dinheiro extra para seu filho ou filhos, para manter seus quartos limpos e arrumados, ou para aquela saída especial, nunca falha. Ter uma variedade de incentivos pode ser útil, como descobrir o que estimula seu filho a se sair bem nas provas ou em um projeto da escola.

Treinando seu animal

Treinar seu animal e a si mesmo, andam de mãos dadas. Em treinamentos de cachorros as recompensas são muito usadas para ensiná-los a obedecerem, a se sentarem e a seguirem o dono. O ganho a longo prazo é que tanto você quanto seu cachorro serão mais felizes, saudáveis e melhores companhias.

O desafio de uma multa por excesso de velocidade

Recentemente uma colega teve uma multa por excesso de velocidade, por não ter visto a nova placa de limite de velocidade de 40 Km/h instalada em uma zona que era de 60 Km/h anteriormente. Não havia como escapar de pagar a multa, mas foi oferecido o incentivo de não perder nenhum ponto na carteira, contanto que ela frequentasse um curso para se conscientizar sobre os riscos do excesso de velocidade.

Incentivos profissionais

Se você é aquele que toma as decisões em sua empresa, pode querer considerar o valor proporcionado ao oferecer incentivos para sua equipe. Incentivos profissionais podem ser ótimos para aumentar o moral.

Ao reafirmar que todo o esforço extra está sendo observado as pessoas geralmente se sentem mais valorizadas e felizes para repetirem o esforço em outras oportunidades.

Muitos incentivos profissionais recompensam as equipes, os indivíduos e os empregados do mês. Aqui, eu apresento algumas ideias de incentivos que você pode explorar em seu próprio ambiente.

Aventuras em grupo

Eventos em grupo são uma boa forma de manter seus empregados motivados e os encorajar a trabalhar em grupo como um time, bem como propiciar um tempo fora do escritório em uma variedade de situações. O trabalho em equipe ajuda a levantar o moral e a produtividade no escritório, com benefícios tanto para os empregados como para a empresa.

Prêmios cintilantes

Vendedores e equipes de vendas são frequentemente encorajados a atingirem os objetivos através de incentivos, geralmente financeiros. O maior incentivo era um prêmio para um cruzeiro pelo mundo. Todos trabalhavam muito o ano inteiro para poder ganhar esse prêmio.

As empresas de vendas em pirâmide oferecem um esquema de incentivo muito claro. Puramente baseado na quantidade de vendas conseguida, você pode alcançar o nível de prêmios de bronze, prata, ouro ou até platina.

Mantendo-se em forma

Enquanto trabalhava no campo da saúde ocupacional, deparei-me com companhias de visão aberta que ofereciam academias ou ginásios para os empregados. Fiquei espantada como a distribuição de camisetas, contadores de passos e garrafas de água eram eficientes para encorajar os empregados a se exercitarem e utilizarem seu horário de almoço para caminhadas saudáveis. Até mesmo estes simples brindes eram suficientes para que os empregados se comprometessem com sua saúde e bem-estar.

Cercada de flores

Em uma ocasião estava trabalhando em um projeto com um prazo muito apertado. Trabalhei por longas horas para finalizar o documento, cancelando todos os compromissos pessoais. Depois que o orçamento foi aceito, todos respiramos aliviados. Lembro-me de como foi agradável quando meu gerente me surpreendeu com um grande buquê de flores como forma de agradecimento. Isso me fez sentir bem e mais comprometida para ajudar em futuros projetos. Meus esforços foram recompensados. Entretanto, um obrigado no momento certo (seja em palavras ou na forma de flores) pode agir como um incentivo muito eficiente para futuros compromissos.

Recompensando com dinheiro

Para algumas pessoas, o dinheiro é o único incentivo considerado! Pode vir na forma de bônus anual pelo cumprimento de metas, ajuda para pagar suas férias de verão ou outras despesas necessárias.

É importante, porém, que a recompensa em dinheiro não seja confundida com compensação por horas extras ou um trabalho fora do expediente.

Incentivos financeiros podem vir de muitas outras formas. Muitas empresas dão descontos nas compras online, assim diminuem os custos operacionais.

Recompensando sua equipe

Qualquer um que assista a série de TV "*O Aprendiz*" sabe como a cada semana o apresentador oferece um prêmio para a equipe vencedora. Embora permanecer na competição e ganhar seja um incentivo por si só, a equipe vencedora da semana também recebe algumas recompensas, que vão desde um rali de carros a uma refeição cara em um hotel de luxo, ou ainda uma noite na ópera.

Prêmios nos esportes

Ganhar aquele troféu cobiçado, um torneio ou uma medalha de ouro é, para muitos esportistas, um incentivo por si só. Na prática, no entanto, a adição de um prêmio em dinheiro é um incentivo para permanecer no jogo e bancar futuros treinamentos.

Cupons de viagens

Cupons de viagens, geralmente, são dados a clientes que compram serviços da companhia. Alguns anos atrás a companhia do meu cartão de crédito ofereceu cupons de hotel, similares aos esquemas de milhagem das companhias aéreas. Passei um feriado maravilhoso sabendo que as despesas de hospedagem estavam sendo pagas com meus cupons.

O esquema de milhagem cresceu rapidamente. Ele é um incentivo que lhe encoraja a voar por uma companhia em particular, oferecendo voos grátis para vários destinos pelo mundo.

Utilizando cartões de fidelidade

A revolução dos cartões de fidelidade é fascinante. Cada vez que você utiliza o cartão você recebe pontos de incentivo e ofertas especiais. Cartões de fidelidade agem como um incentivo eficiente, encorajando-o a usar os serviços de uma determinada loja com a promessa de pontos ou cupons em troca.

Nos negócios, as empresas oferecem incentivos similares, como a recompensa de um cupom, por indicar um amigo ou um desconto em uma nova compra.

Compras com preços reduzidos

Juntamente com os cartões de fidelidade temos o esquema de incentivo do "compre um e leve outro de graça"que faz com que os consumidores comprem produtos diferentes e em maior quantidade. Embora não precise do item extra, você fica tentado a comprar a oferta especial, acreditando se tratar de uma boa oferta.

Explorando Incentivos Diferentes para Interesses Diferentes

Incentivos ajudam as pessoas de várias formas. Entretanto, interesses diferentes se beneficiam de incentivos diferentes. O tamanho do incentivo precisa combinar com o esforço exigido para o indivíduo, grupo ou empresa.

Mantendo os empregados felizes e motivados: encontrando a recompensa certa

Muitas empresas adotam uma abordagem flexível para as recompensas e esquemas de benefícios, permitindo que as pessoas escolham entre uma variedade de incentivos. Grande parte das recompensas é dada na forma de cupons em vez de um bônus financeiro.

Aqui está uma lista de recompensas e benefícios oferecidos aos empregados por uma empresa:

- **Aventura:** rapel, escalada, exploração de grutas
- **Cultura:** concertos, exibições, entradas para teatros
- ***Gourmet*:** jantares finos, degustação de vinhos
- **Estilo de vida:** exposição de barcos, feiras de melhorias para o lar
- **Mimos:** clínica de saúde, spas, dias de folga

Por sua vez, pequenas empresas podem motivar seu quadro de funcionários sem gastar muito. Eis aqui algumas ideias:

- Uma apresentação do funcionário da semana.
- Um quadro de avisos com a foto do empregado que deu o melhor atendimento do mês.
- Sair uma hora mais cedo na sexta-feira se você já atingiu a meta semanal de vendas.
- Uma visita do diretor para agradecer aos membros da equipe que demonstraram um comportamento excepcional.

LEMBRE-SE

Sempre tenha uma variedade de incentivos para oferecer, que atenda as diferentes aspirações das pessoas.

Capítulo 9

Testando Seu Cérebro

Neste Capítulo

- Descobrindo seu grau da motivação
- Examinando os lados esquerdo e direito do seu cérebro
- Mantendo-se mentalmente são

Seu cérebro é um computador poderoso e tem uma capacidade incrível de armazenar informações e gravar o seu comportamento. Neste capítulo, você vai analisar o funcionamento do seu cérebro e como ele afeta sua motivação. Também terá a oportunidade de verificar o quanto está motivado e experimentará alguns exercícios motivacionais para aumentar a capacidade de suas células cerebrais.

Pontuando sua Motivação Pessoal

Sua motivação depende de uma série de fatores, como, por exemplo, seu humor, em que está trabalhando, as pessoas com quem está trabalhando. Imagine-se dando uma pontuação pela sua motivação atual. Se, "Não motivado" fosse igual a "1" e "Muito motivado" fosse igual a "10", qual seria a sua pontuação?

Na Tabela 9-1 você vai encontrar uma lista de perguntas relacionadas a cada área motivacional de sua tarefa e o seu grau de comprometimento para atingir o seu objetivo. Então, você irá pontuar de 1 a 10 cada área motivacional, a fim de descobrir como está se saindo.

Tabela 9-1 Minha Pontuação de Motivação Pessoal

Área Motivacional	*O que espero atingir ao completar minha tarefa?*	*Pontuação para cada área motivacional 1 = Não motivado 10 = Muito motivado*
Importância	Um senso de realização?	
Recompensa	Conseguir uma recompensa — intrínseca ou extrínseca — que irá me beneficiar? (Consulte o Capítulo 8 para saber mais sobre recompensas intrínsecas e extrínsecas.)	
O fator "sentir-se bem"	Sentir-me positivo e bem comigo mesmo?	
Benefício para outros	Beneficiar outras pessoas?	
Foco	Ter a oportunidade de focar em outras áreas da minha vida? (Por exemplo, completar o questionário é um passo para a promoção.)	
Fácil de fazer	Facilidade de alcançar sem muito esforço?	
Economia de tempo	Ter um registro do desempenho na tarefa irá me economizar um tempo e me ajudará a trabalhar com mais eficiência?	
Contagem de custos	Evitar o pagamento de uma multa ou penalidade?	

Elevando sua Pontuação de Motivação Pessoal

Se você acha que precisa melhorar sua pontuação da Tabela 9-1 (veja o tópico "Pontuando sua motivação pessoal"), faça as seguintes perguntas e considere algumas respostas possíveis:

- Será que preciso de recursos extras como, por exemplo, ajustar meu horário ou mais apoio de outras pessoas? *Sim*. Um apoio moral de um colega próximo a mim vai me estimular.
- Preciso reafirmar meu objetivo? *Não*.
- Preciso dividir minha tarefa em pedaços mais maleáveis? *Sim*. Trabalhar em um aspecto da tarefa por vez irá me ajudar a completar minha tarefa.
- O resultado da minha tarefa está claro? *Sim*.
- Preciso aplicar os princípios SMART em minha tarefa? *Sim*. O horário precisa ser redefinido. Para saber mais sobre os princípios SMART veja Capítulo 5.
- Devo seguir minha intuição? *Sim*. Porque os dados do que fiz estão armazenados em um galpão e está muito frio hoje, portanto não vou sair para checar!
- Será que quero me motivar para realizar a tarefa? *Sim*.
- O que impede minha motivação? O *inverno* — está congelando!
- Será que estou mais motivado em algumas áreas de minha vida do que em outras, por exemplo, colocar minha família antes do trabalho? *Não*.
- O que pode ajudar a me sentir motivado agora? *A primavera*.
- O que no passado me motivou e pode me beneficiar agora? *Iniciar* minha tarefa. Foi mais fácil do previa.
- Procuro me tornar mais motivado a fim de ter uma visão mais positiva sobre a vida em geral? *Não aplicável* neste caso.

Estabelecer um horário determinado e realista para iniciar e terminar uma tarefa lhe ajuda a evitar criar um prazo que provavelmente você não vai conseguir atingir. Por exemplo, se tem que pegar seus filhos na escola e fazer outras tarefas essenciais pela manhã, dizer que você vai começar às 10:30 em vez de 09:00 facilita atingir o seu objetivo.

Na Tabela 9-2, você tem a oportunidade de reajustar e elevar sua pontuação de motivação pessoal, após considerar as perguntas deste tópico. Por exemplo, você pode querer aumentar sua pontuação dando mais peso às recompensas ou à importância das tarefas.

Tabela 9-2 Aumentando Minha Pontuação de Motivação Pessoal

Área Motivacional	*O que espero atingir ao completar minha tarefa?*	*Pontuação para cada área motivacional 1 = Não motivado 10 = Muito motivado*
Importância	Um senso de realização?	
Recompensa	Conseguir uma recompensa — intrínseca ou extrínseca — que irá me beneficiar? (Consulte o Capítulo 8 para saber mais sobre recompensas intrínsecas e extrínsecas.)	
O fator "sentir-se bem"	Sentir-me positivo e bem comigo mesmo?	
Benefício para outros	Beneficiar outras pessoas?	
Foco	Ter a oportunidade de focar em outras áreas da minha vida? (Por exemplo, completar o questionário é um passo para a promoção.)	

Tabela 9-2 Aumentando Minha Pontuação de Motivação Pessoal

Área Motivacional	*O que espero atingir ao completar minha tarefa?*	*Pontuação para cada área motivacional 1 = Não motivado 10 = Muito motivado*
Fácil de fazer	Facilidade de alcançar sem muito esforço?	
Economizando tempo	Ter um registro do desem--penho na tarefa irá me economizar um tempo e me ajudará a trabalhar com mais eficiência?	
Contagem de custos	Evitar o pagamento de uma multa ou penalidade?	
Área adicional opcional dependendo da tarefa		

As áreas onde você atribui as maiores pontuações mostram que está bem motivado e no rumo para completar sua tarefa nesta área em particular. Nas áreas em que tem uma baixa pontuação, vai precisar encontrar formas de aumentar sua motivação para atingir seu objetivo.

Explorando o Cérebro

Seu cérebro é o principal órgão do sistema nervoso central e o lar do seu pensamento, fala, sensações, locomoção, memória e imaginação.

Os pensamentos em seu cérebro e o modo como você processa a informação pode afetar a sua motivação. Cada área do cérebro é responsável por diferentes ações e processa as informações de formas diferentes. Entender como seu cérebro trabalha pode ajudá-lo a descobrir algumas das razões de sentir-se mais ou menos motivado a fazer algo.

Se você é o tipo de pessoa que gosta de saber como alguma coisa funciona, entender o funcionamento do cérebro e quais partes afetam seu comportamento será importante para você.

A Figura 9-1 mostra as três partes principais do cérebro. Eis o que estas três partes fazem:

- **Tronco cerebral:** algumas vezes chamado cérebro reptiliano, em alusão aos primeiros estágios da evolução. Esta área do cérebro é responsável por mantê-lo acordado e alerta, controlando a respiração, o batimento cardíaco e os padrões do sono. O tronco cerebral contém o sistema ativo reticular (SAR), que controla a consciência. É ele que também detecta informações sensoriais e retransmite sinais através do centro do cérebro para o córtex cerebral.
- **Sistema límbico (cérebro central):** esta área do cérebro contém várias partes, incluindo o hipotálamo, o hipocampo e a amígdala. A amígdala é importante para a memória e as emoções. Toda a área do sistema límbico é vital para a função da memória de longo prazo e ajuda no controle de suas emoções, sexualidade e comportamento instintivo, como as respostas de estresse (incluindo a raiva e o medo). O hipotálamo, juntamente com a glândula pituitária, ajuda a regular a temperatura corporal, a ingestão de comida, o equilíbrio de água e sal, o ciclo do sono e da vigília e as atividades hormonais.
- **Córtex cerebral:** também chamado de hemisfério direito e esquerdo. O córtex cerebral é sua área pensante, porque ajuda a processar informações sensoriais — visão, audição, fala e tato. O córtex cerebral também controla os processos intelectuais: razão e pensamento. Ambos os lados do córtex cerebral são importantes para o processamento de dados, mas cada lado do córtex cerebral processa as informações de um modo diferente.

DICA

Se você tem o dom de utilizar, simultaneamente, ambos os lados do córtex cerebral, manter-se motivado é mais fácil porque tem facilidade para encontrar novas formas de manter-se nos trilhos.

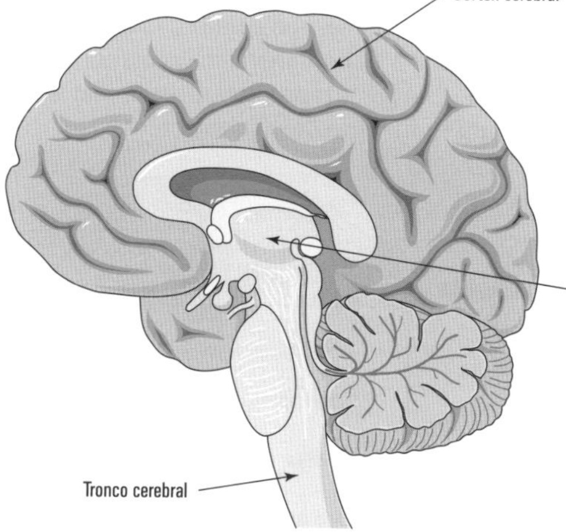

Figura 9-1: As três principais partes do cérebro.

Lados diferentes, processos diferentes

A Figura 9-2 mostra como o lado esquerdo e o lado direito do cérebro processam os diferentes tipos de informações e produzem ideias distintas. A chave para usar seu cérebro efetivamente, absorvendo informação e aumentando o desempenho, é ter a habilidade de usar ambos os lados do cérebro ao mesmo tempo, aumentando o número de conexões entre suas células.

Seu cérebro contém aproximadamente 100 bilhões de células cerebrais. Quanto mais você estimula suas células, mais você encoraja novas conexões e novos caminhos. As pesquisas sobre o funcionamento cerebral sugerem que o número de conexões determina a inteligência.

Talvez você tenha o hábito de viajar sempre pelo mesmo caminho para o trabalho ou estacionar no mesmo lugar no estacionamento? Quanto mais faz a mesma coisa, mais suas células são programadas para repetir a ação, até que se torne natural. Se você, por outro lado, pega outra rota ou estaciona em um lugar diferente, estimula suas células cerebrais e previne que seu cérebro mantenha o hábito.

DICA

Desafie seu cérebro fazendo coisas de uma forma diferente de tempos em tempos. Isso ajuda os lados esquerdo e direito do seu cérebro a trabalharem em conjunto, a fim de criar novas soluções para os problemas, estimular novas conexões e aumentar seu número de células cerebrais.

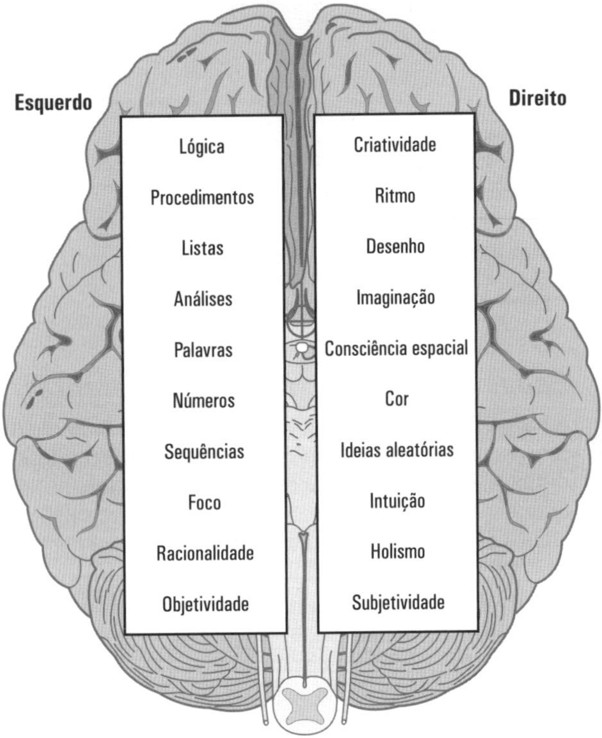

Figura 9-2: Os lados direito e esquerdo do cérebro

NA PRÁTICA

Tente escovar seus dentes segurando a escova na sua mão não dominante por alguns dias. Seu banheiro ficará coberto de pasta de dente, sem dúvida! Entretanto, após alguns dias você vai descobrir que se sente mais confortável, na medida em que desenvolve o novo hábito. Você precisa repetir 21 vezes um novo hábito para desenvolver um caminho diferente ou uma conexão neural em seu cérebro.

Reconhecendo as diferenças entre os sexos

Muitos de vocês sabem muito bem que homens e mulheres têm uma abordagem diferente em relação a vida, de vários ângulos distintos. Isso acontece porque homens e mulheres geralmente utilizam um lado do cérebro mais que o outro. As mulheres tendem a ser mais verbais, usam o dobro de palavras que o homem. Por sua vez, os homens são menos verbais, geralmente preferem a ação à palavra. Homens e mulheres podem ter prioridades bem diferentes: o sexo influencia o que é importante e o que os motiva a trabalhar bem.

Geralmente, os homens são mais motivados por um projeto que lhes dê poder e controle e ficam felizes trabalhando por conta própria. As mulheres são frequentemente mais emocionais e felizes quando trabalham com outra pessoa ou em uma equipe.

Os homens tendem a se atirar em um projeto sem levar em conta os pequenos detalhes, já as mulheres, geralmente, fazem muitas perguntas para se certificarem de que entenderam as tarefas. Estou generalizando, mas os empregadores devem levar em conta as diferenças ao tentarem motivar os membros da equipe.

A área entre o lado esquerdo e o direito do cérebro é chamada de corpo caloso. Esta área do cérebro é feita de fibras nervosas conectando áreas específicas dos dois hemisférios cerebrais. A largura do corpo caloso é diferente entre homens e mulheres. É ligeiramente mais larga (ou grossa!) nas mulheres, facilitando que as mensagens passem do lado esquerdo para o lado direito do cérebro. Isso deve ser o motivo pelo qual as mulheres acham as multitarefas fáceis, sendo capazes de pensar em mais de uma coisa por vez. O homem processa a informação predominantemente no lado esquerdo do cérebro. Uma pesquisa feita com taxistas em Londres confirma isso. Taxistas (predominantemente homens) aprendem o *The Knowledge* (teste de habilidade realizado para taxistas em Londres) como uma lista de informações (usando o lado esquerdo do cérebro). Entretanto, os taxistas interpretam a informação criando imagens (usando o lado direito de seus cérebros) para ajudá-los a memorizar as rotas.

Mas não se esqueça: homens e mulheres têm a capacidade para estimular e desenvolver ainda mais cada lado do cérebro.

Você pensa com seu lado esquerdo ou direito?

NA PRÁTICA

Responda ao Questionário de Dominância Cerebral na Tabela 9-3 para descobrir se você tem uma preferência em usar o lado esquerdo ou direito do cérebro. Antes de começar, escreva os números de 1 a 15. À medida que passar pelas questões, selecione A ou B, dependendo de qual declaração se relaciona com você. Escolha uma declaração, mesmo se sua preferência for mínima.

Tabela 9-3 Questionário de Dominância Cerebral

Questão número	*Questões de dominância cerebral*	*Circule A ou B*
1.	A. É divertido correr riscos. B. Divirto-me sem correr riscos	A/B
2.	A. Procuro novas formas de fazer velhos trabalhos. B. Quando um jeito funciona bem, eu não mudo.	A/B
3.	A. Começo muitos trabalhos que nunca termino B. Termino um trabalho antes de iniciar outro.	A/B
4.	A. Não sou muito imaginativo em meu trabalho. B. Eu uso minha imaginação em tudo que faço.	A/B
5.	A. Eu posso analisar o que vai acontecer em seguida. B. Eu posso sentir o que vai acontecer em seguida.	A/B

Tabela 9-3 Questionário de Dominância Cerebral

Questão número	*Questões de dominância cerebral*	*Circule A ou B*
6.	A. Tento encontrar somente uma forma de resolver o problema. B. Tento encontrar respostas diferentes para um problema.	A/B
7.	A. Meu pensamento é como quadros passando pela minha mente. B. Meu pensamento é como palavras passando pela minha mente.	A/B
8.	A. Sou sempre a primeira pessoa a trazer novas ideias. B. Eu questiono novas ideias mais do que outras pessoas.	A/B
9.	A. As pessoas não me veem como um bom organizador. B. Outras pessoas acham que eu sou organizado.	A/B
10.	A. Tenho muita disciplina. B. Geralmente ajo de acordo com minhas intuições.	A/B
11.	A. Eu planejo o tempo para fazer meu trabalho. B. Não penso no tempo quando trabalho.	A/B
12.	A. Em uma decisão difícil, escolho o que sei que é certo. B. Em uma decisão difícil, escolho o que sinto que é certo.	A/B
13.	A. Faço primeiro as coisas fáceis e depois as importantes. B. Faço as coisas importantes primeiro e depois as fáceis.	A/B
14.	A. Às vezes, em uma nova situação, tenho muitas ideias. B. Às vezes, em uma nova situação, não tenho ideias.	A/B
15.	A. Gosto de ter mudanças e variações em minha vida. B. Gosto de uma vida ordenada e bem planejada.	A/B

Fonte: The Alert Scale of Cognition, por Dr. Loren D. Crane (1989).

Para saber a sua pontuação:

- Dê *1* ponto se você responder *A* para as questões 1, 2, 3, 7, 8, 9, 13, 14, 15.
- Dê *1* ponto se você responder *B* para as questões 4, 5, 6, 10, 11, 12.

Some seus pontos e compare seu total com a Tabela 9-4 para descobrir como está trabalhando o seu lado esquerdo e o direito do seu cérebro.

Tabela 9-4 Chave para sua Dominância Cerebral

Pontuação	*Dominância cerebral*
0 – 3 pontos	Lado esquerdo forte
4 – 6 pontos	Lado esquerdo moderado
7 – 9 pontos	Lado esquerdo e direito equilibrado
10 – 12 pontos	Lado direito moderado
13 – 15 pontos	Lado direito forte

Fonte: The Alert Scale of Cognition, por Dr. Loren D. Crane (1989).

Conectando ambos os lados

Para estimular e desenvolver seu cérebro, conectar ambos os lados ou desenvolver o lado menos forte de seu cérebro, você precisa dizer ao seu cérebro que quer tentar novas formas.

Estes são os caminhos para conectar ambos os lados do seu cérebro:

- Fazer exercícios (veja “Entendendo a ginástica cerebral e exercícios de mesa” no quadro da próxima página).
- Conversar com pessoas para estimular ideias.
- Jogar bola com sua mão não dominante.

- Escrever seu nome com sua mão não dominante.
- Escovar seus dentes com sua mão não dominante.
- Beber muita água — a desidratação ou a sede podem impedir os caminhos neurais para o cérebro. Ingerir água devagar e com frequência ajuda sua concentração, o estado de alerta, velocidade das reações e também ajuda a combater a fadiga.

Formas de estimular o lado direito do seu cérebro:

- Dormir de dia
- Dar um tempo
- Estimular seus sentidos; por exemplo, ver um filme, visitar uma galeria de arte, ouvir música
- Andar ou se exercitar
- Ter um hobby

Formas de estimular o lado esquerdo do seu cérebro:

- Seguir uma receita passo a passo
- Usar um GPS ao dirigir, em vez de tentar achar o caminho por instinto
- Memorizar tabelas
- Fazer palavras cruzadas, sudoku ou jogar xadrez

NA PRÁTICA Na Prática

Entendendo a ginástica cerebral e exercícios de mesa

Estes são exercícios simples de se fazer, tomam apenas alguns minutos e podem dar um novo sentido à vida. Você pode tentar a qualquer hora do dia, entre projetos, sozinho ou com amigos. Estes exercícios aumentam o suprimento de sangue e oxigênio para o seu cérebro, aumentando sua energia. Eles aliviam o estresse e a tensão causada ao se sentar em uma posição por um longo período de tempo (por exemplo, quando você está trabalhando em um computador). Eles também podem aumentar o fluxo de hormônios (endorfinas) que o fazem se sentir bem.

Atenção: Cuidado ao fazer a ginástica cerebral e os exercícios de mesa se você tem alguma contusão no pescoço, nas costas ou nos ombros.

Exercícios de mesa (projetados pela Chartered Society of Physiotherapy)

1. **Coloque suas mãos atrás da cabeça, abrindo gentilmente os cotovelos para fora do seu corpo.**
2. **Encolha os ombros para cima e para baixo para aliviar a tensão.**
3. **Circule os ombros para frente e para trás.**
4. **Fique de pé, estique seus braços para fora do seu corpo para formar um T e gentilmente circule ambos os braços para frente e depois para trás.**

Ginástica Cerebral

Os exercícios de ginástica cerebral foram desenvolvidos no final da década de 1980 pelos Drs. Dennison e Dennison, para crianças com dificuldades de aprendizado. A série de exercícios ajuda a estimular a atividade cerebral e, em particular, aumenta o aprendizado como um todo. Os exercícios agora são amplamente usados em adultos e crianças para aumentar a criatividade, o aprendizado, a leitura, o pensamento e a memória. Fazer os exercícios cerebrais lhe ajuda a se energizar e dá o descanso que seus olhos precisam após um trabalho em frente ao computador. Veja estes exercícios:

- ***Movimento cruzado:*** Fique de pé. Com sua mão direita toque seu joelho esquerdo. Com sua mão esquerda toque seu joelho direito. Repita este exercício por várias vezes. Você também pode tentar algumas variações usando seu cotovelo no joelho ou levar sua mão por trás até o calcanhar oposto. Este exercício estimula a criatividade e aumenta a concentração porque os exercícios de braços e pernas cruzam a linha central do corpo.

- ***Tromba de elefante:*** Usando sua mão direita, desenhe um oito deitado no ar como se seu braço fosse uma grande tromba. Então, use o braço esquerdo para fazer o mesmo, permitindo que seus olhos sigam o movimento de suas mãos, para que seus olhos cruzem sua linha média visual. Este exercício relaxa os músculos do pescoço e aumenta suas habilidades auditivas e o equilíbrio.
- ***Ganchos:*** Sente-se e estenda seus braços para frente. Cruze seu pulso esquerdo sobre o direito, entrelace seus dedos e coloque suas mãos em direção ao seu peito. Sentado nessa posição, respire com os olhos fechados para ajudar no relaxamento. Uma variação pode ser cruzar suas pernas e braços. Cruze sua perna esquerda sobre a direita e sua mão direita sobre a esquerda e relaxe nesta posição antes de trocar. Este exercício lhe ajuda a se sentir relaxado, mas, ao mesmo tempo, energizado.

Praticando Exercícios Motivacionais

Exercícios motivacionais são elaborados para aumentar sua energia e entusiasmo, ajudar na respiração e fazê-lo se sentir mais relaxado. Os exercícios podem ser feitos a sós ou em grupo. Fazer os exercícios com um grupo pode ajudar a estreitar as relações, construir o entendimento e fazer as pessoas trabalharem em harmonia.

Durante o seu dia de trabalho você passa muito tempo usando o lado esquerdo do seu cérebro: seguindo processos e procedimentos. Os exercícios motivacionais estimulam o lado direito do cérebro, melhorando sua motivação, confiança, desenvolvendo iniciativas e liberando a criatividade. Exercícios que estimulam o lado direito do seu cérebro podem tirá-lo da sua zona de conforto, mas trazem uma nova visão da vida, que pode ser a chave para romper as barreiras para a sua motivação.

Atividades para se tentar

Atividades físicas podem ser divertidas e relaxantes, assim como podem ajudá-lo a desenvolver sua motivação. Algumas pessoas ficam muito felizes em participar, enquanto outras não curtem a ideia dos exercícios. Indivíduos têm forças, fraquezas e preferências diferentes, que precisam ser levadas em consideração ao se trabalhar com os exercícios motivacionais. Mas vivenciar fisicamente uma situação em vez de apenas ler ou ouvir a respeito, pode ser interessante.

Mexa-se e tente algumas atividades e exercícios.

Malabarismo alternativo em um grupo de pessoas

Dan Collins da Fresh Tracks usa o seguinte exercício, incluído aqui com sua autorização.

Antes de começar o exercício você precisa, primeiramente, de um punhado de sacos de feijão, dois para cada participante. Se você não tem sacos de feijão, use bolas de malabarismo ou até mesmo pacotes de doces! Não há necessidade de habilidades de malabarismo!

1. **Em grupos de três, cada pessoa tem um saco de feijão. Na contagem de três, você lança o saco de feijão para a pessoa à sua esquerda ao mesmo tempo em que eles pegam o saco de feijão da pessoa à direita.**

   Neste estágio, você provavelmente estará morrendo de rir, pois a maioria dos sacos de feijão caem no chão sem nenhum controle.

   Após várias tentativas e um bom trabalho de equipe você consegue uma jogada ordenada. É interessante ver as diferentes estratégias que cada grupo adota para obter sucesso.

2. **Você pode desafiar ainda mais cada grupo pedindo para que mudem a direção ou se juntem com outro grupo para totalizar seis pessoas em círculos maiores.**

3. **Quando cada pessoa consegue controlar os lançamentos e as pegadas, o próximo estágio é dar dois sacos de feijão para cada um e repetir o exercício. Dessa vez, você estará lançando um saco a partir da sua direita com sua mão esquerda e um saco a partir da sua esquerda para a mão direita do seu vizinho e, simultaneamente, (esperamos!) pegando dois sacos da pessoa à sua direita.**

Agora o exercício deve atingir o seu objetivo fazendo todo mundo rir muito, quebrando as barreiras e ajudando os participantes a ter uma atitude de "poder fazer" ou "querer fazer", pelo resto do dia.

Coordenação, apoio mútuo e timing são necessários para obter o sucesso neste desafio. Leva-se algum tempo para controlar o malabarismo, mas quando tudo vai bem, você se sente exultante e a conquista é inesquecível. É um exercício poderoso e efetivo.

Ouvindo música

A música pode ter o efeito de aumentar sua atividade cerebral e ondas cerebrais específicas. A música ajuda nos exercícios motivacionais como o malabarismo, porque as pessoas tendem a ouvir a música, o que ajuda a afastar seus medos. Certos trechos de músicas encorajam os indivíduos a cantarem juntos ou se sentirem bem. Você tem alguma música em especial?

Volte ao Capítulo 3 para saber mais sobre o uso da música para motivá-lo.

Dando um retorno e dizendo obrigado

Este é um dos exercícios mais simples, mas algumas pessoas, geralmente, acham que ele é muito difícil. Dizer "muito bem" pode ter um efeito motivador poderoso, traduzindo como "você está indo muito bem, vamos em frente".

Quebrando as regras

Atividades encorajadoras que não seguem regras estritas e procedimentos são refrescantes e motivadoras. Fazer as pessoas vagarem pela sala ou escritório como se estivessem em uma festa e pararem para conversar com pessoas diferentes é um exercício útil e estimulante, e muito bom para captar novas ideias.

Desenhando

Esta atividade usa o lado direito do cérebro e, se executada em um grupo pequeno de pessoas, pode ser muito efetiva. Dê de 5 a 10 minutos para que cada grupo desenhe uma pessoa motivada e uma pessoa desmotivada. Usar canetas coloridas perfumadas traz os sentidos da visão e olfato, assim como melhora as características das pessoas nos desenhos. Cada grupo apresenta e fala de seus desenhos ao final da atividade.

Representação

Esta é outra atividade que é particularmente boa para desenvolver o lado direito do cérebro, pois incentiva o uso da imaginação. Coloque as pessoas em pequenos grupos e peça para que se comportem como pessoas motivadas e desmotivadas. O ato de representar faz com que você experimente muitas emoções diferentes, aumentando sua compreensão do que outras pessoas estão pensando e sentindo.

Desfrutando o ar fresco

Dar uma volta ao ar livre em um dia ensolarado é um ótimo energizante, bem como uma excelente forma de se exercitar. O astral que você consegue ao retornar de uma caminhada o motiva a retornar para a tarefa com renovado entusiasmo. Se seu trabalho não permite que você dê uma caminhada ao ar livre, sair de sua mesa e caminhar pelo escritório ou pelo prédio tem o mesmo propósito.

Seguindo uma rotina simples de exercícios

Você também pode se beneficiar ao fazer exercícios bem simples. Usar seu DVD favorito de exercícios, ter alguns minutos para fazer aquela atividade no seu Wii, subir e descer as escadas ou dar uma volta no jardim para acordar, lançar a bola para o cachorro, colocar sua música favorita e dançar descontroladamente, são bons exemplos de como usar o exercício para aumentar sua energia e entusiasmo.

Dando um tempo

Parar para uma bebida, comer um lanche ou mesmo ler o jornal! A ação de parar o que você está fazendo e dar um tempo pode, geralmente, recuperar a motivação. Uma soneca ou 20 minutos de meditação, por exemplo, pode recarregar sua mente, aumentar seu nível de energia e dar um tempo ao seu corpo.

Citações motivacionais

Sempre podemos nos motivar ao ouvir um pouco de sabedoria daqueles que tiveram um pouco mais de sua quota de células cerebrais! Aqui estão algumas citações motivacionais de pessoas que atingiram grandes realizações:

Não podemos resolver nossos problemas com o mesmo nível de pensamento que os criou. (Albert Einstein)

É incrível o que podemos conseguir se não nos importamos com quem leva o crédito. (Pres. dos E.U.A., Harry S Truman)

Aprendi que o sucesso deve ser medido não pela posição que alcançamos na vida, mas pelos obstáculos que superamos em nossa caminhada. (Booker T. Washington, 1856-1915)

A maioria das pessoas nunca vai longe o bastante em sua primeira tentativa para descobrir que elas têm uma segunda chance. Invista tudo em seus sonhos e você se surpreenderá com a energia que sai de você. (William James, Psicólogo e Filósofo Americano, 1842-1910)

Seja o que for que você possa fazer — ou sonha que possa fazer — comece. A ousadia tem a genialidade, a força e a mágica. (Johann Wolfgang von Goethe, escritor alemão, 1749-1832)

Se eu consegui ver além, foi ficando nos ombros de gigantes. (Sir Isaac Newton, 1676)

A coisa mais importante na vida não é capitalizar seu sucesso — qualquer tolo pode fazê-lo. O que realmente importa é aprender com seus erros. (William Bolitho, de Twelve against the Gods)

As pessoas geralmente dizem que a motivação não dura. Bem, nem o banho. É por isso que o recomendamos diariamente. (Zig Ziglar)

Visualização: experimentando o futuro

A visualização é uma forma de usar todos os seus sentidos para ensaiar um evento futuro e imaginar um resultado positivo.

Entrando na motivação

Motivar-se requer coragem, você precisa ser ousado e estar preparado para sair de sua zona de conforto. Entrar na motivação, geralmente, envolve riscos, cometer erros e sentir-se assustado, mas as recompensas valem o esforço.

Capítulo 10

Utilizando a Programação Neurolinguística como uma Ferramenta de Motivação

Neste Capítulo

- Decidindo o que lhe move
- Interpretando o que se passa em sua cabeça
- Entendendo sua inatividade

Neste capítulo, ajudo você a entender como usar a programação neurolinguística para moldar sua motivação. Faremos uma jornada pelos níveis lógicos e identificaremos os possíveis subprodutos da decisão de não fazer algo.

O Que é Programação Neurolinguística?

A Programação Neurolinguística (PNL) existe desde a década de 70. É uma terapia alternativa onde o cérebro é programado para aumentar seu autoconhecimento, dando-lhe a habilidade de planejar e atingir seu objetivo. Você molda o seu comportamento baseando-se em pessoas de sucesso e desenvolve suas habilidades de comunicação, o que lhe ajudará a ganhar harmonia.

A PNL é usada mundialmente e pode ser aplicada em todos os aspectos de sua vida pessoal ou profissional. Foi desenvolvida por um grupo de psicólogos, psicoterapeutas, linguistas e antropólogos que identificou estilos diferentes de linguagens, padrões cerebrais acentuados e sequências de comportamento. Armado com suas descobertas, o grupo desenvolveu as técnicas da PNL usadas hoje em dia.

PNL quer dizer:

- ***Programação:*** refere-se aos padrões de comportamento que você estuda e copia.
- ***Neuro:*** diz respeito ao cérebro e o que acontece em sua mente.
- ***Linguística:*** refere-se à linguagem e ao que você fala.

Você pode explorar com muito mais detalhes o uso da PNL em *Programação Neurolinguística Para Leigos* de Romilla Ready e Kate Burton.

Descobrindo o que o Move

Saber o que o move é útil para entender seu comportamento, suas ações e até mesmo sua inércia. Também ajuda a decidir quais aspectos da motivação serão mais efetivos para você. Sua motivação é interna ou externa? Aqui estão algumas respostas que obtive em meu questionário:

- Batalhar pelo sucesso
- Desejo de realização pessoal
- Ser melhor que meus amigos
- Querer provar para mim mesmo
- Saber que haverá uma recompensa
- Medo de falhar
- Não querer ser deixado de fora
- Querer fazer o melhor
- Entregar um serviço valioso
- Viajar e apreciar diferentes culturas

- Conquistar poder
- Explorar novas possibilidades

Algumas pessoas sentem dificuldade em expressar o que as motiva, enquanto outras conseguem descrever com riqueza de detalhes.

Usando os sentidos na motivação

Uma característica-chave na PNL é interpretar situações ao seu redor utilizando seus cinco sentidos:

- **Visão:** pessoas visuais preferem que as informações sejam apresentadas em diagramas ou quadros. Tente brincar com uma imagem em sua mente: amplie e reduza o tamanho, aumente ou diminua o brilho e contraste, ou acrescente movimento.
- **Audição:** os sons que você ouve, como vozes e música. O tom da voz permite que você interprete o que a pessoa está dizendo e seu significado. Imagine aumentar o volume, alterar a frequência e o ritmo. Você também pode experimentar com sons mono, estéreo ou polifônicos.
- **Tato:** experimentar uma sensação, intuição ou instinto. Você pode experimentar a sensualidade do veludo ou de um novo lençol em sua pele, o impacto de um abraço ou um aperto de mãos. Pode imaginar a sensação de calor ou frio e sua intensidade. Também pode sentir a sensação de felicidade, orgulho e prazer, ou sentimentos de perda e tristeza.
- **Paladar:** respostas ligadas a comida e a bebida. Por exemplo, estar atento a como o tato afeta seu paladar: doce, ácido, azedo, salgado, quente, apimentado ou amargo.
- **Olfato/aroma:** seu olfato está ligado ao estado de espírito e às lembranças. O olfato percorre as áreas límbicas do seu cérebro com muito mais rapidez do que os outros sentidos. O cheiro ou aroma pode remeter a uma resposta emocional, ativando lembranças de uma experiência anterior, como a primeira vez que usou seu perfume favorito ou uma colônia pós-barba que a faz lembrar de seu primeiro namorado.

Seus sentidos ajudam a explicar o significado do que acontece ao seu redor, a forma como se comunica e como grava os eventos.

Você pode fortalecer sua motivação evocando seus sentidos. Assim como você aumenta o som para ouvir a música mais alta, você pode ajustar o volume e a intensidade de seus sentimentos, aumentando suas respostas emocionais.

Percepção sensorial é estar consciente do que está ao seu redor. Por exemplo, o que você percebe ao entrar em um edifício, escritório ou casa pela primeira vez? Você ouve sons e vozes de pessoas ou o barulho do relógio? Tem boas vibrações ou o edifício é ameaçador? Sente que as pessoas morando ou trabalhando ali são felizes ou reprimidas?

CASOS E CAUSOS

Uma vez em um treinamento, pedi a uma participante para descrever sua casa. Ela não tinha ideia da cor das paredes do seu apartamento, mas sabia como se sentia vivendo ali. O apartamento não teve um impacto visual muito grande nela, mas sempre foi acolhedor e relaxante, e era o lugar onde ela gostava de viver com seu companheiro. Claramente ela tinha um sentido de tato muito desenvolvido, mas seu sentido da visão era muito menos dominante.

Explorando os sentidos em detalhes

Fazer uso das técnicas da visualização do Capítulo 6 pode aumentar sua motivação para alcançar seus objetivos, seguindo os passos a seguir:

1. **Visualize seu objetivo em sua mente.**

   Intensifique a imagem passando do preto e branco para o colorido, dando movimento e colocando-se como personagem principal.

2. **Traga mais sons e vozes para a cena.**

Ouça os elogios das pessoas e faça comentários positivos enquanto alcança seu objetivo, e imagine ouvir o som de uma salva de palmas e a aclamação da plateia.

3. **Trabalhe a intensidade de seus sentimentos enquanto imagina vivenciar a sensação de atingir seu objetivo.**

   Algumas pessoas experimentam um sentimento positivo em seus corpos ao imaginarem estar atingindo seus objetivos. Eles podem sentir a sensação em seu peito, seu coração ou seu estômago.

4. **Se os seus sentidos do paladar e tato fazem parte da cena para atingir o objetivo, aumente sua visualização para trazê-los à cena.**

Olhando pelo ponto de vista de outra pessoa

Não é surpresa descobrir que muitas pessoas que você conhece têm pontos de vista do mundo bem diferentes dos seus, ou veem a situação sob uma ótica completamente diferente. Isso é evidente em vários aspectos de sua vida pessoal e profissional.

Aceitar o "mapa do mundo" de outra pessoa é importante, caso contrário, você tenderia a impor regras rígidas dos outros. Isso afetaria sua habilidade de comunicar-se efetivamente e, possivelmente, também a motivação delas.

Se o seu mapa do mundo lhe impede de fazer algo, como viajar de avião, isso se torna um problema e pode restringir suas possibilidades e sua motivação para tentar coisas novas, como visitar um país novo. Entretanto, na maioria das situações, seu mapa do mundo pessoal é tão válido quanto de outra pessoa.

CASOS E CAUSOS

Melhorando a visualização

O objetivo de Sean era melhorar seu jogo de golfe. Em sua mente, ele se imaginava jogando uma partida perfeita. Para melhorar a imagem, ele se visualizou andando pelo gramado e acertando cada tacada. Ele via claramente cada buraco, onde estava jogando, os arredores e as condições do gramado.

Ele se via balançando seu taco e batendo com precisão em cada bola. Em sua mente, ele podia ver sua tacada precisa acertando a bola no buraco.

Sean também focou no que estava pensando e dizendo e quais conselhos recebia de seu treinador. Então, ele se concentrou em seus sentidos, relaxando seu corpo e movendo-se livremente e analisando toda a extensão de sua tacada. Ele se lembrou de quando se sentiu confiante no campo de golfe, intensificando o sentimento, vendo-se forte e confiante.

Sean ajustou seus sentidos de visão, audição e tato para um ponto que o inspirou e o motivou a jogar uma partida de golfe brilhante.

Como outras pessoas pensam e se comportam pode ter um efeito poderoso em sua motivação, tanto positiva quanto negativamente. Trabalhar ao lado de uma pessoa alegre e que tem uma atitude positiva em relação ao trabalho pode aumentar sua motivação, enquanto que estar com alguém infeliz e desmotivado pode ser frustrante e desanimador.

DICA

Esteja aberto para comentários de pessoas e trabalhe o que você escuta e vê ao seu favor. A perspectiva de outra pessoa pode lhe dar novas ideias e novas abordagens, motivando-o a atingir seu objetivo.

Explorando Níveis Lógicos

Níveis lógicos são a menina dos olhos de Robert Dilts, um instrutor de PNL. Os níveis lógicos são uma maneira de compreender seus pensamentos, ajudando-o a reajustar a balança da sua vida e lidar com as mudanças. Cada nível lógico ajuda a identificar o que o impede de ter sucesso e explica de onde vem a sua motivação. Você pode explorar ainda mais os níveis lógicos em *Programação Neurolinguística Para Leigos*.

A Figura 10-1 ilustra os cinco níveis lógicos, com um sexto nível opcional, dependendo do contexto. Estes níveis são:

- **Ambiente:** refere-se ao seu entorno. Onde você precisa trabalhar, do que você precisa fisicamente, quem precisa estar ao seu redor, a hora do dia. Ter todas estas condições atendidas ajuda a motivá-lo a atingir seu objetivo.

- **Comportamento:** é o que você realmente faz, as providências que você precisa tomar para atingir seu objetivo. A falta de motivação neste nível lógico diz respeito ao que está acontecendo ou o que está sendo feito.

- **Capacidade:** refere-se a sua capacidade para atingir seu objetivo e sua confiança em sua habilidade para fazê-lo. Você tem as habilidades e o conhecimento para desempenhar a tarefa? Tem os recursos de que precisa? Precisa de um treinamento, conhecimento ou habilidades extras para ajudá-lo a seguir em frente?

- **Crenças e valores:** você acredita que o objetivo ou a tarefa é o certo para você? Este nível lógico leva em conta suas crenças pessoais ou valores em relação a sua tarefa ou objetivo. As crenças incluem a análise da tarefa sob o ponto de vista da ética, segurança ou se ela irá beneficiar outras pessoas. Você pode optar por não participar se a tarefa não satisfaz suas crenças, por exemplo, se for um vegetariano ou um pacifista.

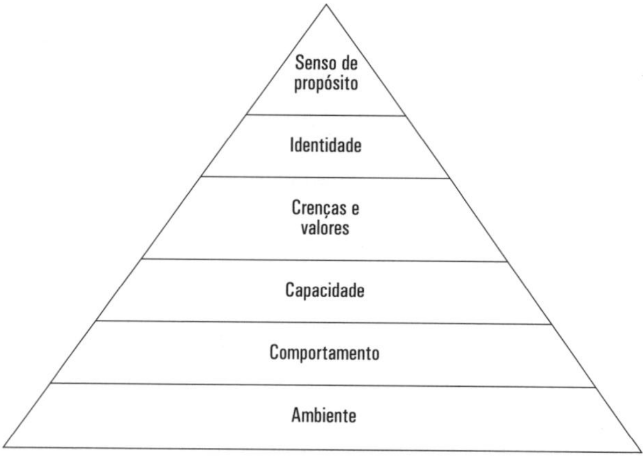

Figura 10-1: Níveis lógicos.

- **Identidade:** este nível lógico está ligado à sua autoconfiança e autoestima. Por exemplo, você acha que atingir seu objetivo fará diferença em sua carreira e seu futuro?
- **Senso de propósito:** diz respeito ao seu lugar no mundo e a sua missão na vida, como querer ajudar pessoas doentes ou fazer um trabalho voluntário em países em desenvolvimento.

Explorar suas respostas para cada nível lógico pode ajudá-lo na identificação de barreiras, a fazer mudanças e aumentar sua motivação.

LEMBRE-SE

Tenha em mente que tentar aumentar sua motivação em relação ao seu senso de identidade é o nível lógico mais difícil de enfrentar. Reservar um tempo para focar na sua verdadeira identidade é um tempo bem gasto.

Imagine que você definiu o objetivo de encontrar um emprego; então conecte seu objetivo a cada um destes níveis lógicos:

- **Ambiente:** você precisa reduzir o deslocamento e encontrar um emprego perto de casa ou em outra parte do país? Precisa encontrar um novo emprego agora ou pode passar um tempo pesquisando novas possibilidades? Prefere trabalhar em uma pequena empresa com poucos funcionários ou em uma grande organização e trabalhar com muitos colegas? Faça perguntas específicas sobre você mesmo; sobre *onde*, *quando* e *como é o seu novo emprego*.
- **Comportamento:** que tipo de trabalho você quer fazer? Quais atividades serão incorporadas no dia a dia? Pergunte-se questões relacionadas às suas *ações* específicas e *o que* você quer fazer.
- **Capacidade:** você precisa adquirir novas habilidades e conhecimento? Precisa estudar mais para ganhar mais qualificações que permitam uma mudança na carreira? Pergunte-se questões sobre *como* suas habilidades presentes e capacitação se encaixam neste novo emprego.
- **Crenças e valores:** você acredita estar pronto e merecer uma promoção? O novo emprego irá combinar com seus valores pessoais e crenças? Este novo emprego reforça o que você acredita? Perguntar-se *por que* você quer o emprego é importante.
- **Identidade:** o emprego lhe dará um forte sentido de identidade? Ele irá melhorar sua imagem pessoal? Pergunte-se: *Quem* sou eu e como meu senso próprio se encaixa no emprego.
- **Senso de propósito:** este emprego vai satisfazer seu principal objetivo na vida e o que você quer alcançar? Você se sente apaixonado pelo emprego e ele irá ajudá-lo a alcançar sua missão na vida?

Ao explorar cada nível lógico certifique-se de perguntar as questões específicas, *onde, quando, com quem, o que, como* e *por que*. Esta abordagem mostra quais áreas você precisa trabalhar para aumentar sua motivação, a fim de conseguir aquele novo emprego.

Identificando o Subproduto Positivo da Inércia

Subprodutos positivos são aquilo que você ganha, geralmente, inconscientemente, pelo modo que está se comportando no momento, ou simplesmente não tomando atitude alguma. Um subproduto positivo ocorre nas situações em que você não é capaz de mudar, não está motivado a mudar porque está feliz com a situação atual (ainda que não perceba) ou acredita que há algum benefício ou recompensa para ficar como está.

Exemplos de inércia incluem deixar as coisas de lado, dar desculpas, fazer somente trabalhos fáceis, não ter tempo para o trabalho e não dar a devida importância a ele.

Algumas vezes, não fazer nada pode trazer suas próprias recompensas. Ao não tomar uma ação em particular, você pode estar pegando uma rota que nem sequer chegou a considerar antes, vislumbrando novas oportunidades e sendo mais produtivo a longo prazo. Sua inatividade também pode evidenciar o nível atual de sua motivação e se é necessário trabalhar com ela antes de realizar uma ação para atingir seu objetivo.

Tente utilizar os subprodutos positivos de sua inércia como uma ferramenta para fazer as mudanças necessárias. Para identificar seus subprodutos positivos, pergunte a si mesmo:

- O que meu comportamento está fazendo por mim?
- Por outro lado, o que minha inatividade está me ajudando a fazer?
- O que eu consigo da minha situação atual?
- Alguma coisa foi afetada direta ou indiretamente por eu não realizar uma ação?

- ✔ Quais elementos vale a pena manter?
- ✔ Meu comportamento atual está ajudando outras pessoas?

Depois de identificar o subproduto positivo, pergunte: "Como posso obter este benefício em algum outro lugar ou de outra forma?"

Subprodutos positivos geralmente estão escondidos bem no fundo do seu subconsciente. Talvez você precise da ajuda de um profissional para desenterrá-los. Por enquanto, use a Tabela 10-1 para identificar os subprodutos positivos em manter sua situação atual.

Tabela 10-1 Identificando Subprodutos Positivos

Aspecto do seu comportamento	*Qual é o possível subproduto positivo do seu comportamento?*	*Como o subproduto positivo está ajudando você ou outras pessoas? (Isso pode ser relacionado a um indivíduo ou um departamento.)*
Por exemplo: Inatividade: deixar as coisas de lado, não querer fazer mudanças ou tomar decisões		

Você pode descobrir que não está tendo benefícios com seu estado de inatividade. Este é o ponto onde você precisa criar seus próprios subprodutos positivos.

Por exemplo, uma colega está com grandes dificuldades em parar de fumar, embora ela queira desesperadamente. Uma grande parte do seu prazer em fumar é a sensação de aceitação — os fumantes regularmente se juntam na parte externa do prédio e trocam novidades e fofocas. A menos que esta necessidade seja atingida de outra forma, ela será tentada constantemente a fumar, não só pela nicotina, mas também pelo senso de inclusão ligado ao hábito.

Quando você reconhecer que seu subproduto positivo não é benéfico, entre em ação. Pode precisar estimular sua motivação, redefinindo seu objetivo, tornando-o mais atrativo e atingível.

Tomar uma atitude é muito melhor que não fazer nada. Ficar sentado em cima do muro (a menos que seja onde você queira estar), não o levará a lugar algum.

Parte IV

Utilizando a Motivação em Diferentes Áreas da sua Vida

"Dentro de você existe um jovem ambicioso que quer passar nos exames."

Nesta parte...

Agora você vai focar em áreas-chave da sua vida, seu relacionamento com as pessoas em casa e no ambiente de trabalho, em sua carreira, e ainda vai descobrir como a motivação pode melhorar sua saúde e suas finanças. Também vai aprender o que lhe ajuda a crescer e se desenvolver, utilizando alguns princípios motivacionais.

Capítulo 11

Motivação no Trabalho

Neste Capítulo

- Obtendo motivação para o trabalho
- Conhecendo seus limites
- Mantendo sua equipe motivada

Se você tiver sorte, pode passar 40 anos ou mais em um emprego remunerado — embora nem sempre no mesmo emprego! Manter-se motivado para levantar e encarar outro dia em seu ambiente de trabalho pode ser desafiador. Neste capítulo, apresento algumas ideias de como se manter motivado na carreira e na vida profissional. Destacarei áreas onde você poderá melhorar sua motivação, mas também ensino você a perceber quando já é o bastante, para que não exagere.

Inspirando-se Através da Motivação

Como anda sua carreira? Se está na faixa dos 20 anos, é como se estivesse começando uma nova e excitante carreira. Se você tem entre 30 e 40 anos, provavelmente já passou por algumas mudanças e promoções na carreira. Se você já chegou na faixa dos 50 aos 60 anos, provavelmente já teve a experiência de trabalhar em vários empregos durante sua carreira.

Veja o meu exemplo. Eu comecei como enfermeira, parteira e agente de saúde. Passei um tempo fora antes de trabalhar para uma grande empresa de saúde no Reino Unido. Mudar de enfermagem para vendas e gerenciamento significou adquirir novas e diferentes habilidades e uma abordagem bem diferente para me manter motivada e dar o meu melhor.

Estudar enquanto trabalhava em período integral também trouxe desafios, criando cobranças por parte da família e dos amigos, bem como de mim mesma. Adquirir novas habilidades e manter-se atualizado com os novos métodos e tecnologias envolvem trabalho duro e esforço. O importante é estar inspirado para se manter motivado, tendo em mente que cada nova habilidade ou qualificação adquirida irá pagar dividendos a longo prazo.

Percebendo os frutos que recebe

O que você colhe do seu trabalho é tão importante quanto o que você oferece. Analisar o que está colhendo em seu trabalho, é uma boa maneira de verificar o quanto você está motivado.

Manter a sua motivação pode ser um desafio de várias formas. Se experimentou várias mudanças de carreira em diferentes empresas, o que lhe motivava em uma empresa pode ser diferente em outra. Isso pode ocorrer em função de sua fase de vida e de suas próprias prioridades — por exemplo, economizar para comprar uma casa, para uma viagem, ou ganhar mais experiência.

Vendo os classificados de empregos sob nova perspectiva

Veja algumas formas de se manter motivado ao longo de sua carreira.

- **Estudar e ganhar novas habilidades:** adquirir novas habilidades ou melhorar as que existem e ganhar qualificações é uma forma excelente de manter sua motivação no trabalho e de impulsioná-lo no caminho escolhido.

  Estava conversando com alguns estudantes de MBA, recentemente, e todos disseram que administrar o seu tempo foi o maior desafio de todos. Entretanto, eles mantiveram a motivação dizendo para eles mesmos que o final do curso estava a apenas alguns meses de distância, e que a recompensa seria ter um MBA.

- **Candidatar-se a uma promoção:** subir a escada da carreira e ganhar uma nova posição dentro ou fora da sua empresa ou profissão significa passar por entrevistas, avaliações ou mesmo testes psicotécnicos. Você precisa incrementar suas habilidades nas entrevistas e fazer pesquisas para saber tudo sobre o novo emprego e se preparar para o processo. A perspectiva de uma nova posição, um aumento salarial e a oportunidade de trabalhar em uma nova e excitante área, podem ser fatores muito motivadores.

- **Mudando para uma nova empresa:** deixar a zona de conforto de um emprego que você já conhece bem e mudar-se para um novo posto pode ser difícil e desafiador.

  Você precisa pesar as vantagens e desvantagens da mudança. Também deve acreditar piamente em seu valor e que sua carreira será beneficiada a longo prazo.

- **Sofrer uma mudança forçada:** você pode estar na posição de ter de mudar de emprego por causa da reestruturação na empresa em que você trabalha. Sua motivação poderá estar em baixa durante este processo. Entretanto, ver a sua situação como um momento para novas oportunidades em vez de um contratempo, pode ajudá-lo a se manter motivado enquanto explora novas possibilidades de emprego.

DICA

Continue lembrando dos benefícios em potencial que uma mudança de emprego, ou a mudança para uma outra empresa, traz. É muito melhor assumir um risco e sofrer um percalço inicial, do que sentir que perdeu uma grande oportunidade.

Descobrindo o que motiva os empregados

A empresa inglesa, chamada Illumine Training Ltd é especializada em treinamentos sobre vários assuntos, inclusive bem-estar e motivação. A Illumine fez uma pesquisa sobre o que motivava ou impedia as pessoas de agirem. Aqui estão algumas respostas mostrando o que as motivava:

- Eu me lembro e revivo em minha mente a sensação que tenho quando uma tarefa é concluída.
- Preciso de um encorajamento constante, alguém que me ajude e com quem contar.

- Preciso de encorajamento, aprovação ou apoio de um tutor, familiar e amigos.
- Fico motivado pelo resultado final, a sensação de saber que completei o desafio.
- Preciso de um plano detalhado e sede por conhecimento; a aprovação e o apoio do meu tutor me mantém nos trilhos.
- Sinto-me empolgado e desafiado pelo novo papel de ser capaz de aprender novas habilidades enquanto desenvolvo as atuais.
- Acredito que no meio da dificuldade está a oportunidade.
- Acredito que, descobrindo a paixão, você descobre a motivação.
- Tenho um objetivo claro e confio em minhas habilidades. Também estabeleço algum tipo de limite para o que estou tentando alcançar.
- Eu visualizo o que quero, imagino tê-lo e qual é a sensação. E então, parto para a ação.
- Eu divido uma grande tarefa em pequenos pedaços realizáveis, e isto torna qualquer coisa possível, assim como contar aos outros sobre o que estou planejando, porque as "cobranças" deles me estimulam a fazer algo a respeito.
- Acho mais fácil dividir uma tarefa em pedaços menores. Dizem que se você tiver que comer um bebê elefante, é melhor fatiá-lo em pequenos pedaços e comê-lo o quanto antes (antes que ele se torne um gigante).
- Eu começo com o resultado em mente. Quanto mais claro o final do jogo e melhor a descrição que consigo fazer dos benefícios, mais confiante me sinto para fazer acontecer.

A pesquisa também lista outros fatores motivacionais que os participantes sentiram que eram importantes:

- Sentir-se empolgado e desafiado por um novo papel. Sou capaz de aprender novas habilidades enquanto desenvolvo as atuais.

- Candidatar-se para uma promoção e ter a oportunidade de fazer a diferença em um nível mais elevado. Sou capaz de efetuar mudanças até certo ponto. Entretanto, não sou informado de todas as reuniões e e-mails, então não tenho a oportunidade de ter influência em áreas onde poderia se estivesse em um nível superior.
- Escolher um novo emprego por causa do desejo de fazer alguma coisa diferente. Não tenho medo de falhar. Sei que se fosse para mudar, daria tudo de mim, e se não fosse selecionado, é que não era para ser, mas tentei e nunca me arrependo de tentar.
- Trabalhar duro para meus exames para ter a sensação de realização e satisfação de conseguir algo por mim mesmo. Sei que melhorarei meu desenvolvimento pessoal e minha empregabilidade.
- Decidir entrar em uma nova empresa, por estar infeliz em meu antigo emprego e saber que só eu controlaria meu próprio destino.
- Querer ter minhas habilidades e conhecimentos recompensados e reconhecidos me impulsiona a mudar de emprego. Também embarquei no aprendizado de novas habilidades e conhecimentos para ajudar em futuras promoções.
- Trabalhar para uma instituição de caridade local me deu o desejo pessoal de fazer um bom trabalho. Gostei da atenção aos detalhes e confiei em minhas habilidades por saber que era o correto a fazer.
- Obter qualificação profissional me deu o prazer de trabalhar com meus estudantes. Estava motivado pelo ótimo retorno e apoio de meus tutores.
- Estudar duro para os exames aumentou meu desenvolvimento pessoal. Ganhei um novo conhecimento e aumentei minhas chances de um aumento salarial e uma futura promoção. Estava motivado por receber encorajamento de meus tutores, família e amigos.

- Adotar um estilo de vida mais saudável significa que sou capaz de curtir um tempo com minha família e ter energia para ficar com as crianças.

Pense sobre quais destas dicas podem ajudá-lo a se motivar e comece a colocá-las em prática agora mesmo. As respostas da pesquisa anterior também identificaram fatores que as impediam de tomar uma ação. E você pode vê-las no tópico "Identificando as barreiras da equipe", neste capítulo.

Mantendo-se nos trilhos

Conservar sua motivação e se manter nos trilhos, especialmente se as coisas ficam difíceis, significa adotar estratégias para sobrevivência. As seguintes dicas podem ajudá-lo:

- Ter por perto amigos que o apoiem, pessoas com as quais você possa contar.
- Ter um plano alternativo na manga, dando-lhe outras opções.
- Definir prazos realistas — prazos muito apertados podem causar pânico e ser desmotivadores.
- Manter a satisfação em atingir seu objetivo ou tarefa em primeiro lugar em sua mente, especialmente se estiver se sentindo em baixa.
- Pedir a amigos e colegas que comentem seu progresso, regularmente, para que você sempre tenha algum retorno.
- Usar um plano detalhado de seu objetivo e se ater a ele.
- Acrescentar uma recompensa quando estiver com a energia baixa.
- Pedir conselhos a colegas se estiver encarando um desafio difícil. Um de seus colegas pode ter a experiência específica em sua área.
- Se você está lutando para ter ideias, vá para um lugar que o inspire. Visite uma galeria de artes ou um museu, assista a um show, ou ouça uma palestra inspiradora e motivacional para estimular novas ideias.

- Ler citações e histórias sobre pessoas que lutaram contra as adversidades e venceram para mantê-lo focado em vez de desistir facilmente e abandonar.
- Certificar-se de que seu computador é poderoso o suficiente para o trabalho, faça cópias dos arquivos regularmente e mantenha-as guardadas.
- Lembrar-se de seu sucesso: se estiver se sentindo desmotivado, diga para si mesmo o quanto você é bom, isso vai lhe ajudar a voltar aos trilhos.
- Estar preparado para assumir riscos: a falha e o revés são partes da curva de aprendizado e podem ser motivadores. Você pode aprender com seus erros e ter a chance de tentar uma abordagem diferente ou mudar a direção.
- Acredite em você: ter autoconfiança é a chave para conseguir o que você quer fazer e manter a motivação.

Usando múltiplas inteligências para reforçar sua motivação

Nos anos 1980, o Professor Howard Gardner propôs a teoria das múltiplas inteligências. Ele propôs que a inteligência não é uma entidade única, mas tem um número de aspectos que ele chama de as *Sete Inteligências*. O Professor Gardner afirmou que existe mais de uma maneira de receber a informação e usá-la para efetuar a mudança e fortalecer a motivação. Estas são as Sete Inteligências:

- **Linguística:** ler para obter novas informações ou aprender uma linguagem para aumentar sua inteligência linguística.
- **Lógico-Matemática:** priorizar seu trabalho para mantê-lo motivado e ajudá-lo a abordar as tarefas logicamente, em vez de fazer apenas o que você acha que deve.
- **Musical:** ouvir música para ajudar a concentração e a memória (como a música clássica usada no Efeito Mozart). Também ouvindo o tom e timbre das vozes das pessoas ou aprendendo a tocar um instrumento musical.

- **Espacial:** pensar no espaço em que você está trabalhando. Ele é estimulante e motivador ou você pode melhorar seu espaço?
- **Corporal-Cinestésica:** pense sobre sua postura, como você se move e anda. Você aparenta estar motivado enquanto está trabalhando? Praticar uma dança, esporte ou outro exercício: o Pilates pode ajudá-lo a ganhar força e maleabilidade.
- **Interpessoal:** falar e interagir com pessoas; a Programação Neurolinguística pode ser uma valiosa ferramenta para descobrir como interagir com pessoas. Veja o Capítulo 10 para usar a PNL como uma ferramenta motivadora.
- **Intrapessoal:** aborda o conhecimento que você adquire com leituras, estudos, participando de leituras e seminários.

Gardner acredita que os indivíduos têm muitos lados. Em vez de dar toda a ênfase nas duas primeiras inteligências principais (Linguística e Lógico-Matemática), ele sugere usar todas as Sete Inteligências que puder.

A aplicação de quaisquer das Sete Inteligências provavelmente aumentará a sua motivação para enfrentar algo que antes você tinha pouca motivação para fazer. Precisa escolher qual das Sete Inteligências é adequada para a tarefa e qual será a mais benéfica. Por exemplo, para jogos criativos (Interpessoal) ou variar a sua rotina diária (Lógico-Matemática).

Uma colega se descreveu como sendo intrapessoal. Ela é muito motivada para estudar, ler e obter novas informações. Ser muito motivada é mais fácil para algumas pessoas do que para outras. O que importa é usar o máximo das Sete Inteligências quanto possível para estimular sua motivação.

Sabendo Quando Parar

Se você se vê lutando com uma tarefa sem chegar a lugar nenhum, embora tente se motivar, é hora de parar e mudar de direção. Dar uma pausa e pensar onde você está em sua tarefa, ou em sua carreira, e se concentrar em seu próximo movimento. Sentar-se na frente do computador esperando pela inspiração não vai resolver seu problema!

Neste estágio, você pode estar experimentando muitos pensamentos negativos, por exemplo, "Não sei como fazer isso", "Para quê?", "Por que devo me importar?". Repensar o escopo e limitar as fronteiras de sua tarefa pode ajudá-lo a reconquistar um pouco da sua motivação.

Dar um descanso à sua mente e fazer algo diferente, ajuda.

Priorizando outras tarefas

Ter outras tarefas que o distraiam do projeto em mãos pode ser a razão de você estar experimentando um bloqueio. Priorizar e desenvolver um plano pode fazê-lo retornar aos trilhos.

Escolha uma tarefa simples primeiro, como retornar uma ligação, passear com o cachorro ou arrumar a mesa. Então defina as prioridades do que você realmente precisa fazer hoje. Existe algo que possa delegar ou deixar para outro dia? Estruturar seu dia pode ajudá-lo a recuperar sua motivação.

Recompensando vitórias

Ter algumas tarefas feitas rapidamente pode ajudá-lo a sentir que está alcançando algo. Você pode achar recompensador riscar os trabalhos em uma lista de afazeres, mesmo se forem simples como dar um telefonema, pagar uma conta, preencher um documento. Algumas pessoas até mesmo adicionam itens em suas listas, após a terem completado, só pela satisfação de riscá-los. Saber que um trabalho foi completamente finalizado pode ser muito positivo. Então, você pode se recompensar com uma xícara de chá, um intervalo para o almoço, ou um passeio no jardim.

Uma boa ideia é refletir no final de cada dia sobre tudo que você conquistou, mesmo que seja pouco. Ao fazer isso, se sente bem e fica em um estado de espírito positivo.

Impulsionando sua Equipe

Manter sua equipe motivada e entender o que os une é importante para manter o moral, a eficiência e a produtividade.

As empresas usam várias técnicas diferentes para motivar seus funcionários. Todo ano, realiza-se uma competição no Reino Unido, organizada pelo *The Sunday Times* para encontrar as 100 melhores pequenas empresas para se trabalhar. Cada empresa ganha pontos baseados em como elas cuidam de seus funcionários nas categorias de liderança, bem-estar, sentimentos em relação à empresa, gerentes, membros das equipes e oportunidades de crescimento pessoal.

A lista a seguir mostra as abordagens usadas pelas empresas para elevar o moral e motivar seus funcionários. Você pode tentar estas ideias com membros de sua equipe:

- Reconhecer publicamente pequenas conquistas diárias eleva o moral da equipe e geralmente produz melhores resultados do que oferecer incentivos financeiros.
- Lembrar de fazer um agradecimento pessoal quando uma tarefa for concluída. Isso é especialmente útil para equipes que são motivadas extrinsecamente.
- Ser um líder inspirador, acreditar e divulgar a filosofia da empresa: passar um tempo com sua equipe e saber de suas vidas pessoais e profissionais também pode inspirar comprometimento e lealdade.
- Fazer uma troca de posições por um período curto ou longo ajuda a equipe a entender e a apreciar as responsabilidades de cada um.
- Habilitar a equipe, deixando-os assumir responsabilidades pelo projeto e dar-lhes a chance de assumirem riscos, sendo criativos e até cometendo erros.
- Dar recompensas, como um vale presente de uma loja de departamentos ou um corte de cabelo em um salão de cabeleireiro famoso.
- Criar um prêmio "Empregado do ano", com uma premiação em dinheiro ou alguns dias de folga.
- Levar a equipe para um almoço para comemorar os resultados atingidos, deixar que a equipe saia mais cedo às sextas-feiras e ter uma festa de aniversário de mentirinha.

- Encorajar diferentes membros do quadro de funcionários a presidirem reuniões mensais.
- Organizar um dia de diversão com a família em um parque temático para todos os membros da equipe, para ajudar a quebrar as barreiras entre os funcionários.
- Dar a oportunidade para que os empregados trabalhem em casa, compartilhem o trabalho e tenham práticas de trabalho flexíveis.
- Manter a equipe informada: mandar as atualizações da empresa por e-mail, ter reuniões com os funcionários duas vezes ao ano, promover encontros com as equipes e elaborar boletins da empresa.
- Definir prazos realistas para os projetos.
- Elogiar abertamente os funcionários e valorizar os trabalhos bem feitos.
- Promover uma alimentação saudável oferecendo uma geladeira com estoque de frutas, iogurtes e cereais.
- Dar assistência financeira e folgas para treinamentos e estudos para qualificações profissionais.
- Encorajar as pessoas a irem trabalhar de bicicleta, providenciando um bicicletário.
- Subsidiar atendimento pediátrico, programas de bem-estar, academias, seguro-saúde e programas de auxílio-maternidade e paternidade.
- Implementar programas de treinamento para os funcionários e eventos com as equipes.

Usando o desejo humano para motivar sua equipe

Identificar o que está desmotivando uma pessoa pode ser usado como uma ferramenta para instigar o desejo natural do ser humano em operar com alto nível de motivação e produtividade.

Os desejos humanos incluem um desejo para atividades, posse, poder, afiliação, competência, conquista, reconhecimento e significado. Fazer mudanças dentro da empresa e eliminar desmotivadores pode ajudar a elevar a motivação de seus funcionários.

Todos os itens a seguir instigam em seus funcionários um desejo de querer dar o melhor de si:

- Adicionar variações nas tarefas de rotina para torná-las mais agradáveis.
- Falar com seus funcionários sobre como eles fazem seu trabalho.
- Encorajar responsabilidades e dar oportunidades de promoção.
- Promover o bem comum e o trabalho em equipe.
- Tolerar erros evitando críticas severas.
- Possuir um projeto.
- Desenvolver objetivos e desafios para todos os tipos de funcionários.
- Mostrar apreciação pelo trabalho bem feito.
- Usar indicadores de desempenho.
- Fazer pesquisas de desempenho.

Explorando os objetivos da equipe

LEMBRE-SE

Uma boa comunicação é vital para manter a motivação e alcançar os objetivos. Certificar-se de ter tentado e testado as estratégias de comunicação em todos os níveis da empresa é importante. Manter os canais de comunicação abertos aumenta as chances de um gerente saber as preferências individuais e da equipe, sendo capaz de responder de acordo.

A comunicação é um processo de duas vias: gerentes devem conversar com empregados e vice-versa, dando a todos a oportunidade de discutir suas preocupações. Envolver todos os membros da equipe é importante no planejamento e na definição dos objetivos, para que todos estejam trabalhando felizes na busca dos mesmos objetivos da empresa.

Identificando as barreiras da equipe

Tanto quanto criar um ambiente motivador de trabalho, você precisa observar se existe alguma barreira que impeça sua equipe de alcançar os objetivos da empresa. Algumas das situações a seguir foram destacadas por uma pesquisa em que se perguntava às pessoas o que as impedia de agir. Algumas destas situações acontecem em sua empresa?

- Falta de uma liderança. Você pode melhorar isso através de uma melhor comunicação.
- Uma cultura de jornadas longas, onde os empregados sentem que têm de trabalhar até tarde. Você pode melhorar esta situação com o chefe, dando o primeiro passo positivo de sair no horário.
- Ausência de canais claros de comunicação. Reuniões regulares da equipe são uma boa forma de enfrentar este problema.
- Prazos impossíveis, gerando pressão sobre os empregados. Reveja suas prioridades de trabalho para lidar com este problema.
- Uma hierarquia rígida, tornando difícil para os empregados usarem suas iniciativas e tomarem suas próprias decisões. Você pode melhorar esta situação mudando a estrutura da empresa ou da equipe.
- Choques de personalidade entre os membros da equipe ou membros desagregadores. Alguns dias de afastamento para a equipe pode ser uma forma efetiva de resolver estas questões.
- Membros da equipe desmoralizando outros membros com sua negatividade. Você pode resolver isso mudando a pessoa para outro projeto.
- Empregados não se sentindo apreciados. Ter um tempo para agradecer pode remediar esta situação.

- Aplicar regras rígidas e restrições sufoca a criatividade. Você pode melhorar esta situação introduzindo mais *debates de ideias* e sessões criativas.
- Times com falta de senso de propósito ou direção. Uma liderança forte pode melhorar esta situação.
- Falta de oportunidades para criação do sentimento de equipe. Um almoço semanal com a equipe, por exemplo, pode melhorar esta situação.
- Um sentimento de estagnação entre os membros da equipe por não aprender algo novo. Você pode enfrentar esta questão oferecendo oportunidades de treinamento.
- Outras coisas se opondo no caminho. Priorizar novamente as tarefas pode melhorar esta situação.
- O tamanho de um projeto. Você pode lidar com isso, dividindo as tarefas em pedaços mais gerenciáveis.
- Barreiras financeiras como o medo de investir e perder tudo. Um bom conselho financeiro o ajuda a lidar com estas barreiras.
- Falta de tempo e muitas tarefas a realizar. Cuide e trabalhe no que é realmente importante para encaixar o que é essencial no tempo que você tem.
- Falta de autoconfiança. Você pode melhorar sua autoconfiança entendendo sua força pessoal.

As barreiras impedem que as pessoas trabalhem com todo o seu potencial. Mudanças constantes de funcionários e aumento do índice de faltas podem ter uma queda de rendimento na produtividade ou no desempenho. O moral em baixa pode afetar toda a equipe, contaminar outras equipes e afetar como as pessoas se sentem sobre seus empregos e a empresa. Se você descobrir uma barreira, deve agir imediatamente, fazendo mudanças positivas e motivando os funcionários a atingirem seu potencial pleno.

Capítulo 12

O Dinheiro Importa – Sim e Não

Neste Capítulo

- Definindo como o dinheiro lhe motiva
- Sustentando a motivação a longo prazo

No mundo ocidental, você geralmente experimenta o sentimento de que ganhar dinheiro é uma coisa boa e ele nunca é o suficiente, embora nem todos pensem assim. Algumas pessoas são muito mais motivadas por dinheiro do que outras. Tudo o que eles fazem é direcionado a obter mais dinheiro, e eles passam esta preferência para seus filhos. Outras pessoas são motivadas pelas coisas que o dinheiro pode fazer por elas, e outras não são motivadas por dinheiro. As atitudes das pessoas em relação ao dinheiro não parecem ter relação com a quantidade de dinheiro que alguém já tem. Passar seus primeiros anos na pobreza pode ser um motivador por toda a vida para se ganhar dinheiro, ou você poderia viver feliz com relativamente pouco dinheiro.

Qual é o papel do dinheiro em sua vida? A ideia de ganhar muito dinheiro o move, ou o dinheiro é apenas um subproduto útil do seu trabalho? Neste capítulo, você verá a importância do dinheiro e o efeito que ele pode ter em sua motivação. Para alguns de vocês, o dinheiro pode ser um objetivo de longo prazo, enquanto para outros é apenas uma solução de curto prazo.

Os Efeitos Motivadores do Dinheiro

Qual foi a última vez que você recebeu um bônus? Sua resposta pode ser: recentemente, alguns anos atrás ou nunca. Se você já recebeu um bônus, pergunte-se as seguintes questões:

- Como me senti?
- O pensamento do bônus me inspirou para trabalhar mais, para garantir o cumprimento do prazo?
- O dinheiro influencia minha motivação em alcançar futuros objetivos?

A perspectiva de uma recompensa financeira pode ter um impacto significativo na motivação das pessoas para trabalharem mais. A recompensa financeira pode ser por completar uma tarefa, atingir um objetivo, ganhar uma competição ou conseguir uma promoção.

Para outros, o dinheiro não é a razão para trabalhar duro em seus empregos e alcançar os objetivos. O emprego em si é suficiente para motivá-los. Algumas pessoas recusam uma oferta financeira, porque o dinheiro não é o fator motivador principal.

A história a seguir ilustra a parte que o dinheiro desempenha no mundo do trabalho e na vida diária.

- Nick era um diretor de uma empresa manufatureira. Ele era passional com relação ao seu trabalho, achava-o desafiador, mas muito satisfatório. Ele recebeu um excelente pacote financeiro que o ajudou a pagar a educação de seus filhos. Quando ele ganhou seu bônus anual, decidiu agradar sua família e instalou uma piscina com água quente no jardim. Mas, após um tempo, Nick começou a achar que um alto salário não era tudo e as longas horas que ele dedicava ao trabalho estavam se tornando um fardo e afastando-o da diversão e do tempo com sua família. Nick descobriu que o incentivo do dinheiro não o mantinha mais motivado em seu trabalho, sua família era muito mais importante, e ele abdicou do seu cargo de diretor.

Explorando a hierarquia das necessidades financeiras pessoais

A "hierarquia das necessidades" de Abraham Maslow é uma teoria que considera as diferentes forças que motivam os indivíduos, e que é muito importante para entender o papel do dinheiro como um motivador. Ele diz que os nossos motivadores iniciais na vida são fisiológicos — em outras palavras, nesse caso, ter dinheiro suficiente para alimentar você e sua família. Quando satisfazemos esta necessidade, segundo Maslow, o dinheiro irá continuar como um motivador essencial, até que você coloque um telhado sobre sua cabeça e possa viver em segurança. Ao atingir esta posição, pode pensar em coisas como o amor, a autoestima e na realização do seu potencial como possíveis motivadores. Até que suas necessidades básicas sejam atendidas, a maioria das pessoas não considera gastar dinheiro em itens não essenciais.

Comprando escolhas

Hoje em dia você tem infinitas oportunidades de escolhas quando vai às compras. Você se sente suficientemente motivado para encarar horas de espera em uma liquidação de Ano Novo?

Qual das seguintes ofertas lhe motiva a gastar seu dinheiro tão suado?

- Descontos em eletrodomésticos
- Leve dois e pague um
- Pechincha em feriados e dias de menos movimento
- Queima de estoque e liquidações
- Liquidação de encerramento de atividades
- Liquidação de Ano Novo
- Descontos em itens de mercearia
- Compras de roupas "quase" novas em instituições de caridade
- Compras em lojas outlet e shoppings populares

Entender suas escolhas de compras ajuda a saber se o dinheiro lhe motiva como um consumista ou como um poupador.

Ainda que conseguir uma barganha possa ser legal, certifique-se de não desperdiçar horas e perder um tempo que poderia ser usado mais efetivamente em qualquer outro lugar. Decida como você pode usar o dinheiro que poupou para investir em um novo projeto, um objetivo-chave ou para algo que seja importante para você.

CASOS E CAUSOS

A motivação de uma carreira dos sonhos pode encorajá-lo a reavaliar as entradas e despesas de sua família, para atingir um objetivo. As dificuldades iniciais às vezes são recompensadas e trazem o real valor do dinheiro para a família.

Colhendo os benefícios do dinheiro

Ter dinheiro suficiente para viver é uma bênção; se você luta financeiramente, a vida do dia a dia pode ser desafiadora. Ter um salário confortável significa estabilidade e segurança. Ter cobertura financeira ajuda a:

- Fazer escolhas de estilo de vida
- Aproveitar novas oportunidades
- Ter menos preocupações e pressões
- Ter tempo para fazer um trabalho voluntário
- Pagar alguém para fazer seus próprios projetos
- Estar na posição de fazer doações para a caridade
- Viajar para fora do país
- Ser capaz de dar uma boa educação para seu filho etc.

Relacionando incentivos financeiros com objetivos

Muitas empresas têm uma política de unir bônus financeiros a objetivos; principalmente na área de vendas, o uso de incentivos é uma prática comum. Para avaliar o progresso do funcionário em relação a um objetivo e para decidir o nível do bônus que o funcionário irá receber, a maioria das empresas faz uma entrevista de avaliação de desempenho. A avaliação geralmente é entre o gerente e o funcionário e acontece antes do final do ano.

A pontuação está diretamente ligada ao montante de bônus que ele receberá. Os fatores podem incluir:

- Atingir uma meta de venda
- Relacionamento com colegas e gerentes
- Pontualidade
- Quantidade de faltas por motivo de saúde ou outros motivos
- Vontade de ajudar os outros
- Habilidade para trabalhar independentemente
- Nível de apoio para com os colegas
- Completar tarefas e desempenho em projetos-chave

LEMBRE-SE

Recompensas financeiras têm maior impacto quando estão ligadas claramente a um desempenho ou a um objetivo. Pessoas geralmente tendem a trabalhar mais em um projeto quando sabem que receberão um bônus financeiro ao final.

Algumas pessoas trabalham muito pesado durante meses para conseguir um bônus, mas diminuem o ritmo pelo resto do ano! Para sustentar a motivação dos empregados a longo prazo, é importante ter outros incentivos no trabalho (para saber mais sobre incentivos e recompensas, veja o Capítulo 8) e não limitar a bonificação de forma que os empregados tenham um bônus baseado em uma porcentagem das vendas que eles gerarem.

NA PRÁTICA

Se você está tentando parar de fumar, você poderia ligar este objetivo a um incentivo financeiro, colocando o dinheiro que gastaria em um maço de cigarros em um cofrinho. Ver o dinheiro crescendo age como um grande motivador.

Mantendo a Motivação

Pense sobre quais passos financeiros você pode dar em sua vida pessoal para sustentar sua motivação. Que tal:

- Tirar moedas de sua bolsa ou carteira toda noite e colocá-las em um cofrinho. Você verá a pilha de moedas crescendo, agindo como um motivador visual e juntará um dinheiro para gastar no feriado, por exemplo.
- Começar um plano de poupança mensal para que você possa ver sua economia crescer em um período de tempo.
- Vender suas tralhas e bens que não quer mais. Isso é duplamente motivador, pois você ganha um dinheiro e destrava sua vida ao mesmo tempo!

Sempre compare o ganho de curto prazo de fazer ou comprar alguma coisa com o ganho de longo prazo. Por exemplo, investir em um futuro melhor para seus filhos através da melhor educação que o dinheiro pode comprar, ou pagar um plano de previdência para o seu futuro.

Dar um incentivo financeiro para a criança e ajudá-la a relacionar o trabalho com o ganho de dinheiro dá a ela a oportunidade de gerenciar seu próprio dinheiro e uma valiosa lição de vida.

Após um tempo você pode achar que o dinheiro não é mais um fator motivador em sua vida. Sentir-se menos motivado por dinheiro pode ter diferentes motivos.

Jack descobriu que ao ser contemplado com seu bônus, ele passou para uma nova faixa salarial, o que elevou sua alíquota de imposto, cortando o benefício do bônus. Mesmo assim, Jack ainda achou o bônus um fator motivador, mas estava desapontado por ter de pagar imposto extra, então, atingir sua meta se tornou um objetivo menor.

Quando a pressão do trabalho se torna tão grande que anula o valor do seu bônus, considere um equilíbrio melhor entre o trabalho e sua vida. Ter um trabalho que exija menos, com um salário menor, trabalhar meio período, ou trabalhar por conta própria pode ser a resposta.

Recebendo uma renda estável

Ter um emprego em tempo integral lhe dá uma renda regular e uma segurança financeira. Entretanto, você deve avaliar a flexibilidade que o trabalho de meio expediente ou o trabalho por conta própria permite. Um trabalho flexível pode trazer muitos benefícios, como mais tempo para a família e amigos, *hobbies* e esportes. Entretanto, pode haver contratempos. Se você trabalha por conta própria, é difícil prever o trabalho e o fluxo de entrada, especialmente se você trabalha em uma área onde existem altos e baixos sazonais.

Para manter o fluxo de trabalho e de renda regulares, mantendo a motivação, algumas pessoas adotam a estratégia de ter outros pequenos trabalhos para ter onde recorrer. Por exemplo, uma colega dá aulas de dança, aulas de ginástica e aulas particulares. O trabalho extra a ajuda a ter certeza que haverá dinheiro suficiente para as despesas durante os períodos mais calmos do ano.

Arriscar na loteria

Alguns ganhadores da loteria desistem totalmente do trabalho, enquanto outros decidem permanecer com seus empregos. Ganhar não é tudo, e muitos reconhecem que o trabalho é uma parte essencial de suas vidas, dando-lhes uma identidade e um senso de propósito. Entretanto, existem também os ganhadores da loteria que, ao desistirem de seus empregos, usam o dinheiro para realizar seus sonhos, tocando seus próprios negócios. Eles são motivados não apenas pelo dinheiro, mas por terem uma posição de poder, bem como um grande senso de conquista.

Ganhar na loteria nem sempre traz felicidade. Desistir do emprego e ter uma vida de prazeres pode ser um desastre. Esses ganhadores logo percebem que a vida é vazia e sem sentido, sem a âncora do trabalho e dos amigos. Dinheiro e consumo não são o suficiente para alimentar e motivar o espírito humano a longo prazo.

Capítulo 13

Saúde e Bem-Estar

Neste Capítulo

- Mantendo a doença à distância
- Escolhendo opções mais saudáveis

Se você tem a felicidade de ter uma boa saúde, é uma pessoa de muita sorte. A Organização Mundial da Saúde define *boa saúde* como um "estado físico, mental e bem-estar social completo, e não meramente a ausência de uma doença ou enfermidade". Valorize-o muito acima do dinheiro e da fama! Aproveitar um estado positivo de bem-estar lhe dá a energia para seguir em frente com a vida e pode ser uma parte importante na ajuda para alcançar seus objetivos.

Neste capítulo, você vai explorar formas de criar um estilo de vida mais saudável e como se motivar e fazer mudanças. Para ajudá-lo nesta jornada, mostrarei a você como evitar doenças e enfermidades, investigando os hábitos não saudáveis que o tentam de vez em quando e lhe tiram do curso.

Evitando Doenças e Enfermidades

Maus hábitos têm um impacto em sua saúde e contribuem para as doenças e enfermidades. A Tabela 13-1 lista fatores de estilos de vida que estão relacionados a problemas específicos de saúde.

Tabela 13-1 Fatores de Estilo de Vida e Saúde

Fator contributivo de estilo de vida	*Problema de saúde*
Consumir muito álcool	Afeta os rins, o estômago e o sistema nervoso periférico (braços e pernas) Câncer no estômago Eleva a pressão sanguínea
Fumar cigarros, charutos, cachimbos e fumo passivo por longos períodos	Aumenta o risco de doenças cardiovasculares Irritação no estômago, levando à úlcera ou câncer de estômago Cânceres de boca, língua, garganta e pulmão
Estresses	Dores de cabeça, enxaquecas Úlceras Doenças persistentes — por exemplo, tosses e resfriados
Excesso de sol	Queimaduras, insolação ou câncer de pele
Obesidade	Pressão alta, problemas cardíacos, Diabetes tipo 2
Falta de exercícios	Comprometimentos cardiovascular, dos sistemas respiratório e musculoesquelético Problemas mentais e mudanças de humor Aumento da pressão sanguínea Problemas de articulação, devido a baixa resistência e densidade dos ossos Reduz a eficiência do coração
Má postura e ausência de técnicas de levantamento de peso	Problemas nas costas

Criando um Estilo de Vida mais Saudável

Quando você está em boas condições, tem pique para a vida. Tem energia, entusiasmo, vitalidade, força e resistência. Você se lembra de quando estava em sua melhor condição física? Que sinais positivos de saúde seu corpo mostrava? Como está sua saúde hoje? Você se sente no topo do mundo ou é possível fazer algumas mudanças para se sentir mais em forma e mais forte?

Recuperar-se de uma doença pode ser a motivação que faltava para alterar seu estilo de vida. Até um amigo passando por problemas sérios de saúde pode ajudá-lo a mudar de vida.

Você pode começar por:

- Cortar a gordura e alimentos ricos em açúcar a fim de reduzir seu nível de colesterol.
- Parar de fumar e beber menos álcool.
- Exercitar-se mais.
- Ter um tempo para relaxar.

As pressões em sua vida, como os compromissos familiares ou pesadas responsabilidades no trabalho, podem lhe impedir de manter um estilo de vida saudável.

Prestar atenção aos primeiros sinais de perigo é fundamental para deixá-lo motivado a adotar um estilo de vida mais saudável. Você pode estar sem tempo para se exercitar, estar comendo e bebendo mais, ou tendo menos tempo para relaxar. Estes fatores podem levar aos primeiros sintomas, mostrando que sua saúde está sendo afetada, mas você pode estar muito ocupado para perceber os sinais. Já não tem a energia que costumava ter e sente um pouco de falta de ar ao correr para pegar o ônibus, ou percebe que engordou. Está tendo dores de cabeça, noites sem sono ou se sentindo menos produtivo.

DICA

Os primeiros sinais motivam algumas pessoas a entrarem em ação. Um susto de saúde pode ser tudo que elas precisam para se motivarem.

Se você nunca experimentou um estilo de vida saudável, pode ser como um sonho impraticável. Ou pior, um estilo de vida saudável pode não ser atraente para você! Se já é saudável, esforça-se para ser saudável ou precisa ser persuadido para fazer algumas pequenas mudanças, os próximos tópicos trazem dicas úteis e ideias de como alcançar uma vida saudável.

Decidindo suas prioridades alimentares

Existem muitas evidências médicas mostrando a importância de comer comidas nutritivas e manter uma dieta bem balanceada para manter a saúde. Isso inclui a recomendação de comer cinco porções de frutas e vegetais por dia. Médicos e especialistas também recomendam a ingestão de proteína (animal ou vegetal); doses razoáveis de carboidrato, para a energia; leite e laticínios. É importante manter o açúcar e a gordura em níveis mínimos, o que significa cortar os doces, massas, bolos e biscoitos.

O que você come fornece as vitaminas, os minerais e a energia que seu corpo armazena para as necessidades de crescimento e desenvolvimento, para combater as doenças e para ajudar as funções do seu corpo.

- Os carboidratos são o combustível para o corpo. Exemplos de carboidratos saudáveis são: pão de centeio e massas, arroz integral ou arroz indiano, batatas, feijão, lentilhas, a maioria das frutas e vegetais, cereais não refinados (aveia, granola). Lembre-se de que se os carboidratos não forem queimados através de exercícios e atividades eles serão armazenados em seu corpo como gordura.

- As proteínas fornecem os “tijolos” para seu corpo, vitais para o crescimento. Exemplos incluem: carne magra, peixes, grãos, feijões, laticínios e ovos.

- A gordura é essencial para o crescimento e o desenvolvimento do seu organismo. Algumas fontes de gordura são: nozes, sementes, óleo de peixe, óleo de oliva e laticínios.

- As vitaminas e os minerais fornecem os nutrientes essenciais para o seu organismo. Procure por uma variedade de frutas da época e vegetais. Exemplos incluem: vegetais de folhas verde-escuras, cenoura, pimentões, tomates, cerejas, uvas, maçãs, peras, laranjas e bananas.

Procure formas de se motivar a ingerir alimentos mais saudáveis e desistir dos doces, de sua torta favorita; batatas fritas ou tira-gostos. Ter dificuldades para entrar em suas roupas ou ver seus amigos comentando que você ganhou peso, pode impulsioná-lo a mudar sua dieta.

DICA

Se você ama chocolate, sacie seu desejo com chocolate amargo que contém 70% a mais de cacau. Você vai comer menos chocolate e é mais saudável.

Faça receitas rápidas e fáceis que são muito apetitosas.

NA PRÁTICA

Combine ideias de alimentação saudável quando estiver com amigos. Curta preparar uma comida saudável ou ir a um restaurante para desfrutar dos prazeres de uma boa comida.

Escolhendo o que comer e beber

Você faz seu lanche durante o dia à base de barras de chocolate, batatinhas e doces? Tente algumas alternativas mais saudáveis: frutas, nozes, vegetais crus em palitos (cenoura, aipo, pepino), biscoitos de aveia com homos, abacate, queijo cottage, barras energéticas (sem açúcar).

DICA

Beber muita água, chás de ervas, chá verde chinês, café descafeinado e sucos de frutas diluídos são mais saudáveis que beber grandes quantidades de café, chá, cerveja e álcool. No entanto, estas bebidas são permitidas desde que consumidas com moderação.

Tente comer três refeições bem balanceadas por dia, a menos que não possa devido ao seu tipo de trabalho ou por sua condição de saúde, esportes ou outras atividades que exijam um tipo diferente de alimentação. Certifique-se de tomar o café da manhã; ele ajuda a recompor a energia do corpo e lhe mantém com energia durante a manhã. Torradas integrais, cereais, mingau e frutas são opções saudáveis.

Se você ama aquele café da manhã completo, fique atento às gorduras. Coma ovos mexidos ou cozidos em água em vez de fritos.

Tenha o hábito de comer peixe pelo menos três vezes por semana. O óleo de peixes, tipo sardinhas, arenques e salmão, contém Omega-3, que ajuda nas funções cerebrais e aumenta o processamento mental. Nozes e sementes — por exemplo, sementes de abóbora e girassol, amêndoas e castanhas de caju — são importantes fontes de nutrientes.

Cozinhando para você mesmo

Comidas prontas, processadas e tira-gostos estão disponíveis e são uma bênção para pessoas com estilo de vida agitado. Entretanto, elas contêm muita gordura, açúcar e sal. Seu corpo vai se beneficiar muito mais se consumir produtos frescos e comida caseira.

Aprendi algumas técnicas culinárias em minhas aulas de economia doméstica na escola, que ainda utilizo em meu dia a dia. Aquelas primeiras lições me deram a confiança para experimentar novos ingredientes e novas receitas.

Comece pelas receitas mais simples e ingredientes fáceis de encontrar. Ter algumas receitas simples à mão lhe ajuda a se manter motivado e o encoraja a montar um cardápio com opções saudáveis.

Para se manter motivado, faça atividades culinárias agradáveis. Por exemplo:

- Tenha uma TV na cozinha enquanto cozinha.
- Tome uma taça de vinho enquanto separa os ingredientes.
- Ouça uma música ou sua estação de rádio favorita.
- Chame os amigos para ajudá-lo com a comida.

Para uma alimentação saudável, cozinhe carnes magras ou pratos ricos em proteínas como aves, peixes ou tofu. Acompanhe a proteína com uma salada ou uma variedade de vegetais da época. Se você é vegetariano, pode precisar aumentar sua ingestão de proteína cozinhando, por exemplo, grãos e feijões. Considere cozinhar os vegetais no vapor, ou grelhar ao invés de refogar ou fritar, e use pouco sal.

Aqui estão algumas ideias para uma refeição rápida e fácil:

- Sardinhas ou ovos mexidos na torrada
- Salmão grelhado com espinafre
- Frango grelhado ou peru com vegetais e macarrão tipo chinês
- Frango defumado ou carneiro com vegetais da época
- Carneiro com batatas e vegetais
- Paella de legumes ou frutos do mar
- Massa com molho de tomate, molho de carne ou de vegetais
- Omelete
- Sopa de legumes com pão integral
- Salada de frango
- Batatas assadas com atum, feijão ou chili com carne

DICA

Se você está começando a cozinhar sua própria comida a partir do zero, comece cozinhando duas ou três vezes por semana, em vez de cozinhar todos os dias. A tarefa não vai parecer tão assustadora e o manterá mais motivado.

Parando de fumar

Todas as evidências médicas dizem que fumar faz mal para a saúde. No entanto, algumas vezes pode ser muito difícil parar. Jack teve mais sorte. Ele fumou cinco cigarros por dia por 35 anos. Entretanto, o que o persuadiu a parar foi cair doente com uma infecção pulmonar. Ele respirava com dificuldade e, em suas próprias palavras, "sentia-se terrível". Percebendo que nunca mais queria se sentir assim, ele parou imediatamente. Dez anos depois e entendendo a importância de um estilo de vida saudável, Jack sabe que nunca mais vai querer fumar de novo, e que ele teve muita sorte porque fumar, para ele, nunca se tornou um vício.

Para alguém que fumou regularmente por tantos anos e quer parar, é preciso coragem e comprometimento. O medo das consequências de uma vida inteira de fumante pode, por si só, incentivá-lo a agir. Mas existe muitas formas de conseguir ajuda, desde grupos de apoio, pressão dos companheiros, adesivos contra a nicotina e até sessões de hipnose.

LEMBRE-SE

Procure a organização abaixo para mais informações e apoio para abandonar o vício:

- http://www.fumantesanonimos.com/

DICA

Considere o que lhe motiva a fumar. É a pressão dos seus companheiros, sua rede social, seu vício pela nicotina, níveis de estresse, ou algo mais? Saber as causas certas pode ajudá-lo a buscar motivação para abandonar o vício.

Pense em algo que possa motivá-lo a parar de fumar. Talvez um susto com sua saúde, pressão dos amigos, pele sem viço, o custo dos cigarros, ficar no ostracismo, uma falta de lugar para fumar, ou talvez uma redução nos prêmios dos seguros de saúde, disponíveis para alguns planos.

Ficando sóbrio

Muita bebida por um longo período de tempo pode arruinar seriamente sua saúde e fazer com que a vida daqueles ao seu redor fique difícil. Inicialmente, o álcool tem um efeito relaxante, torna-o menos ansioso. Entretanto, o álcool deprime o sistema nervoso central, reduz a eficiência do cérebro, impede o julgamento e a coordenação motora, causando visão distorcida, fala confusa e perda de equilíbrio. Beber demais pode causar danos físicos, aumentar o risco de algumas doenças e tornar outras ainda piores. Beber uma grande quantidade de uma vez pode levá-lo à perda de consciência, coma e até à morte. Especialistas também têm ligado o excesso de bebida à obesidade, doenças dos músculos, problemas de pele, infertilidade e problemas sexuais.

A campanha para reduzir a bebida ao volante teve uma significante contribuição através dos anos ao ajudar as pessoas a compreenderem a importância de não beber ao dirigir. Pegar um táxi ou combinar com alguém do grupo para não beber e poder dirigir é a solução para muitas pessoas.

Na medida-padrão, uma unidade é equivalente a

- ½ litro de cerveja (250 ml, < 4% de álcool por volume)
- Um copo pequeno de vinho (75 ml, < 13% de álcool por volume)
- Um copo pequeno de sherry (50 ml, < 20% de álcool por volume)
- Uma dose simples de Spirit (25 ml, < 40% de álcool por volume)

DICA

Se você bebe regularmente mais do que estas quantidades, está aumentando seu risco de doenças relacionadas ao álcool, e precisa decidir o que fazer para mudar seus hábitos.

Para ajudá-lo a mudar seus hábitos com a bebida, considere estas dicas:

- Pense nas pessoas ao seu redor que podem ajudá-lo, como amigos ou sua rede de contatos.
- Defina objetivos realistas. Defina um limite como três a quatro unidades (para o homem), ou duas ou três (para mulheres), para ocasiões especiais.
- Experimente bebidas alternativas durante os eventos com os amigos, assim você substitui sua bebida "costumeira" por uma sem ou com menos álcool.
- Experimente algumas bebidas sem álcool e compre cervejas e bebidas com baixo teor alcoólico. Mantenha um estoque de bebidas sem álcool em casa.
- Considere pelo menos dois dias por semana sem álcool.
- Considere outras formas para ajudá-lo a relaxar e tente outras atividades, em vez de sair para bares e restaurantes.

LEMBRE-SE

Para mais informações e ajuda:

- **Alcoólicos Anônimos:** http://www.alcoolicosanonimos.org.br/
- Telefone para atendimento 24h: (11) 3315-9333

Esteja ciente que problemas com álcool geralmente encobrem a depressão, pois o álcool também é um agente depressivo, o que afeta a motivação.

Dando um tempo para relaxar e recarregar

Dar um tempo para relaxar e recarregar é importante tanto para a mente quanto para o corpo. Enquanto seu corpo descansa, sua mente pode processar informações inconscientemente para ajudá-lo a resolver problemas e responder perguntas. Ter um tempo para relaxar também lhe ajuda a se sentir mais motivado, pois faz com que se sinta mais calmo e menos estressado.

DICA

Pense em um tempo quando você estava sob pressão para finalizar algo. Talvez estivesse correndo de uma tarefa para a outra e cometendo erros pelo caminho. O ditado “Quanto maior a pressa, mais devagar” é muito apropriado. A próxima vez que começar a correr, pare por um momento e se concentre para que sua mente e seu corpo voltem aos trilhos.

Sabendo por que seu corpo precisa de um tempo para relaxar

Muitas pessoas passam suas vidas correndo de um emprego para o outro, tentando equilibrar as demandas de casa e do trabalho. Quando existe muita pressão, ou estresse, seu organismo chega a um ponto onde começa a ter dificuldades para um bom funcionamento. Isso pode afetar tanto sua saúde quanto sua motivação para executar as tarefas necessárias. Se você se encontra nesse estado, é hora de mudar a situação.

Como eu relaxo

Tenho uma técnica especial de relaxamento dos olhos que uso quando estou viajando de trem ou em um lugar onde posso fechar meus olhos com segurança, por alguns momentos.

Feche seus olhos e imagine que está olhando para um relógio que se move lentamente para as 3, 6, 9 e 12 horas. A cada hora, faça uma pausa e respire lentamente, imaginando as seguintes cenas:

- 03:00 – seu destino de férias favorito.
- 06:00 – você está perto da água, talvez nadando no mar, vendo os golfinhos no oceano, ou embaixo de uma cascata. Imagine a água lavando os sinais de estresse e tensão.
- 09:00 – você está andando pelo parque com seu cachorro ou relaxando em uma cadeira de balanço com seu gatinho no colo.
- 12:00 – você está no bosque entre árvores, ar fresco, grama verde. Imagine respirar este ar fresco, ver o céu azul, ouvir os pássaros e as árvores balançando ao vento.

Após esta jornada, volte sua imaginação através de cada cena, mova os olhos no sentido anti-horário, pensando em cada cena e respirando lentamente a cada hora do relógio.

Esta técnica ajuda a exercitar os músculos dos olhos, especialmente se você passa muitas horas na frente de um computador. A respiração lenta ajuda no relaxamento do seu corpo e mente. O exercício leva apenas dois minutos e dá um descanso ao seu corpo e um tempo para sua mente. Você vai se sentir mais motivado para encarar as tarefas que se seguem.

Sinais de alerta para a possibilidade de estar vivendo sob muita pressão incluem:

- Cometer erros
- Interromper as pessoas
- Irritabilidade
- Sentir-se ansioso ou amedrontado
- Baixa concentração ou perda de memória

- Ter sentimentos de baixa estima ou falta de confiança
- Não dormir bem
- Cansaço e falta de energia

Pare um momento para pensar sobre seu estilo de vida atual, compromissos e prioridades. Você precisa encontrar mais tempo para descansar e relaxar? Quais mudanças simples pode fazer para trazer um pouco mais de tranquilidade à sua vida?

Sentindo-se motivado para relaxar

Em vez de esperar que os sinais de alerta — como insônia, ganho de peso, beber demais, irritabilidade, não ter tempo para os amigos — ocorram antes de decidir agir, pense em algo que lhe motivará a trazer mais equilíbrio à sua vida.

Trazer mais equilíbrio para sua vida permite um tempo para recarregar seu cérebro, aumentar sua produtividade, sua eficiência e suas habilidades. Você verá situações sob uma perspectiva maior, em vez de apenas observar, geralmente, sendo mais criativo com as soluções para os problemas.

DICA

Aqui estão algumas dicas para ajudá-lo na motivação e para trazer mais equilíbrio à sua vida:

- Reserve um tempo para relaxar, dê a sua mente e corpo um tempo para começar suas primeiras ações em direção aos seus objetivos.
- Lembre-se de que o equilíbrio em sua vida beneficia a sua saúde.
- Descubra formas melhores de relaxar. Por exemplo, ler, socializar, nadar, jogar, ver vitrines de lojas, meditar, tocar ou ouvir música. Relaxar é uma habilidade essencial na vida.
- Lembre-se de como se sente bem ao relaxar em um feriado.
- Pense o quanto você curte as sextas-feiras (porque é o início do final de semana e lhe dá um tempo livre).

CAUSOS

Faça um "balanço" quando ficar doente ou implemente mudanças positivas depois de uma doença

Thomas estava enfrentando um trabalho de muita responsabilidade e agitação como diretor de uma grande empresa. Ele trabalhava por longos períodos, raramente tirava férias, e, geralmente, levava serviço para casa para fazer durante as noites e finais de semana. Então, subitamente ele ficou doente e teve de ser levado às pressas para o hospital com problemas no coração. Thomas teve muita sorte; a equipe médica foi capaz de tratá-lo prontamente antes que sua condição ficasse mais crítica.

Thomas se afastou do serviço por várias semanas e naquela hora o choque do que aconteceu fez com que ele parasse para pensar em sua vida e suas prioridades. Ele percebeu que sua saúde era muito mais importante do que seu trabalho. Após uma boa recuperação, ele voltou ao trabalho por quatro dias por semana e, através da reestruturação, a empresa foi capaz de dar mais responsabilidade a outras pessoas e delegar mais tarefas que eram de Thomas. Ele se tornou um exemplo para seus colegas encorajando-os a tirarem suas férias, a deixarem o serviço no horário e a redefinirem os prazos para reduzirem a pressão nos empregados.

Um ano depois, Thomas ainda trabalha somente quatro dias por semana, usando seu dia de folga para praticar seu novo hobby, o golfe, e passa seus finais de semana desfrutando da companhia de sua família e amigos.

Thomas é um felizardo. Ele viu os sinais de alerta e agiu. Então, tire um tempo para relaxar, recarregar e focar novamente; isso é importante para a sua saúde e bem-estar.

Tornando o exercício divertido

Você se exercita regularmente, ou pratica algum esporte, ou tem outra atividade física que lhe mantém em forma e saudável? Ou é um preguiçoso inveterado? Seja honesto!

A Organização Mundial de Saúde (OMS), redefinindo suas recomendações, estipulou em 2005 que a prática de atividade física deveria ser diária, durante pelo menos 30 minutos, com exercícios moderados, como forma de manter um estilo de vida saudável.

Você pode dividir os 30 minutos em intervalos de 10 minutos para se adequar ao seu estilo de vida, se isso ajudar.

Para perder peso ou entrar em forma, você precisa se exercitar com mais intensidade e, pelo menos, de 30 a 60 minutos, cinco vezes por semana, para desenvolver a resistência do seu coração e dos pulmões, melhorar sua mobilidade e flexibilidade, aumentar sua força muscular e perder peso.

Ganhos ao se exercitar

Os benefícios de se exercitar regularmente incluem:

- Aumento de energia e resistência
- Melhora na força muscular e funções do pulmão
- Melhor funcionamento do coração e dos pulmões
- Controle de peso
- Sistema imunológico fortalecido
- Baixa pressão sanguínea
- Bons níveis de colesterol e de açúcar no sangue
- Faz você se sentir e se parecer melhor
- Autoestima e autoconfiança elevadas
- Estresse reduzido e melhor habilidade para relaxar
- Aumento do suprimento de oxigênio para o cérebro, ajudando a melhorar a função cerebral

Escolhendo suas opções de exercícios

Escolha o tipo de exercício que você gosta. Você pode se exercitar sozinho, com amigos e familiares, ou como parte de um grupo ou uma atividade organizada. O amor pela natureza pode motivá-lo a caminhar ou praticar algum outro tipo de exercício ou, se preferir, fazer alguns exercícios mais vigorosos ao ar livre.

Atividades diárias simples são geralmente mais fáceis de incorporar ao seu estilo de vida.

Aqui estão algumas opções simples de exercícios:

- Jardinagem
- Trabalhos domésticos
- Percorrer a pé o caminho de ida e volta da estação, quando próximo
- Optar pelas escadas em vez de usar o elevador
- Nadar
- Dançar
- Brincar com seus filhos ao ar livre
- Fazer compras no supermercado
- Jogos de bola e raquete

Andar é uma das formas mais simples e fáceis de se exercitar. É saudável, barato e de baixo risco. Se você fica muito tempo sentado em frente ao computador, levantar-se e dar uma caminhada lhe ajudará muito a se manter acordado, alerta e seu corpo ativo.

Eliminando desculpas para não se exercitar

Ok, então quando estiver chovendo, o que você vai fazer? Andar em casa, subir e descer as escadas, caminhar pelo escritório ou shopping center ainda proporciona alguns exercícios para o seu corpo. Dar um tempo de cinco minutos beneficia seu corpo e sua mente; então, isso não é desculpa se você tem muita coisa a fazer. Caminhar limpa sua mente para se focar na tarefa. Se você ainda pode usar a desculpa dos saltos altos para não se exercitar, então mantenha um par de tênis ao lado de sua mesa e use-o para fazer exercícios.

Se você perceber que, apesar de querer se exercitar, nunca consegue, pergunte-se qual é o subproduto positivo obtido desta inatividade.

Capítulo 14

Desenvolvendo e Utilizando Melhor suas Emoções e seu Comportamento

Neste Capítulo

- Gerenciando suas emoções
- Seguindo com altos e baixos
- Uma mudança bem-vinda

Falar sobre sentimentos pode ser um assunto emotivo! Neste capítulo, aprenderá como reconhecer, ouvir e controlar suas emoções. Encontrar novas formas de expressar o que está sentindo torna mais fácil responder aos desafios e lhe dá a oportunidade de crescimento e desenvolvimento pessoal.

Definindo Sua Jornada Emocional

> *"Não espere mais, o tempo nunca será adequado. Comece onde está e trabalhe com qualquer ferramenta que você tenha em mãos, e ferramentas melhores aparecerão pelo caminho."*
>
> — Napoleon Hill

Entender como você se sente em determinada situação e saber como administrar e controlar seus sentimentos pode ajudá-lo a responder de uma forma positiva. Saber quando e se é apropriado demonstrar o que está sentindo, pode ajudá-lo a enfrentar situações difíceis, superar obstáculos e mantê-lo com ânimo positivo e motivado em sua vida pessoal e profissional.

Identificando seus sentimentos

Emoções positivas o deixam motivado, feliz e entusiasmado com relação às tarefas que precisa executar em sua vida. Mostrar seus sentimentos positivos tem um fator motivador para as pessoas à sua volta.

Emoções negativas podem afetá-lo, significando uma ameaça aos seus relacionamentos, e sufocando seu crescimento emocional. Você já esteve tão preso a uma emoção que não conseguia enxergar mais nada ao seu redor? É importante saber lidar com suas emoções negativas, deixar as experiências ruins para trás e seguir em frente.

Entretanto, as experiências ruins têm o seu valor. É importante aceitá-las, quando perdemos um ente querido, por exemplo, é preciso se permitir um tempo de luto. Geralmente, uma situação negativa ou uma falha age como um catalisador para fazê-lo seguir adiante, deixando-o mais motivado.

Analise qual das emoções listadas na tabela 14-1 vivenciou ou presenciou ultimamente. Será que você pode acrescentar mais alguma?

Tabela 14-1 Reações Emocionais Comuns

Negativa	*Positiva*
Choro	Riso
Raiva	Prazer
Desânimo	Ânimo
Hostilidade	Afabilidade
Irritabilidade	Paciência
Tristeza	Alegria
Frustração	Inspiração
Desprezo	Gentileza

Tabela 14-1 Reações Emocionais Comuns

Negativa	*Positiva*
Ódio	Amor
Desconfiança	Confiança
Agressividade	Calma
Falta de objetivos	Entusiasmo
Crueldade	Piedade
Aflição	Esperança
Desgosto	Aprovação
Ansiedade	Relaxamento
Ressentimento	Generosidade

Invasão de emoções

Seus pensamentos e emoções causam reações físicas e químicas instantâneas em seu corpo, chamadas de *fisiologia da emoção*. Se você experimentar uma emoção negativa, a reação química pode prejudicar sua motivação, seu desempenho e a forma como se comunica.

O que você experimenta internamente é retransmitido de volta para a amígdala dentro do sistema límbico. Com base em uma experiência passada de uma situação similar, seu corpo influencia como você interpreta um evento atual, se enfrenta ou foge da situação. Sua resposta faz com que os hormônios do estresse sejam liberados e seu coração bata aceleradamente, bombeando mais oxigênio para o cérebro. Suas células cerebrais não são capazes de processar estas informações efetivamente e as interpretam de forma equivocada.

Revelando a mensagem escondida

Geralmente, existe uma mensagem escondida, uma causa subjacente ou um fator escondido bem fundo na emoção. Às vezes você é tão surpreendido pela emoção que acaba se esquecendo de parar e fazer um balanço do porquê está experimentando esta sensação.

Você desenhou o seu mapa ideal do mundo, que não é necessariamente igual ao de outras pessoas (veja o Capítulo 10 para saber mais sobre este tópico). Sua visão pode não ser racional ou levar em conta o ponto de vista de outras pessoas.

Da próxima vez que observar uma reação emocional em alguém, pergunte-se o que esta emoção está tentando dizer para você, ou o que a pessoa está tentando obter com o seu comportamento. A emoção irracional na pessoa tem o efeito desejado, ou você acha que o que ele, ou ela, estava expressando apenas a fez se sentir pior?

Perguntar a você mesmo as seguintes questões pode ajudá-lo a entender suas emoções, e também o ajudará a encontrar formas de lidar com a situação:

- Como posso ter outra reação?
- O que poderia ter dito de diferente?
- Como outro alguém gerenciou suas emoções?
- Que outras respostas poderia ter dado?
- Outras pessoas responderiam da mesma forma que eu?

Por exemplo, se você recebeu uma conta incorreta em um restaurante, poderia, educadamente, pedir ao garçom para refazer a conta, ou poderia ficar irritado e com raiva e chamar o gerente imediatamente. Ambas as reações lhe darão uma sensação emocional diferente e afetarão toda a equipe e as pessoas ao seu redor.

Para ajudá-lo a desenterrar suas mensagens escondidas, ouça com atenção as suas respostas para permitir que você se afaste das emoções negativas. Ouvir a sua intuição pode ser de grande ajuda, também, para explicar as reações que está experimentando.

LEMBRE-SE

Mostrar o que está sentindo é normal. Entretanto, em algumas situações, como uma reunião importante, nem sempre é apropriado ou profissional demonstrar suas emoções. Decidir o que é certo e apropriado é crítico. Se ainda assim se sentir engasgado ao final da reunião, vale a pena se afastar um pouco para se recompor e depois abordar os indivíduos do lado de fora da reunião para discutir o assunto. Esta tática seria mais apropriada do que reagir durante a reunião, quando as emoções estão à flor da pele.

Escolhendo as respostas certas

Na Tabela 14-2 você vê uma abordagem usada em terapia cognitivo-comportamental, que mostra como a mente responde às situações, resultando em diferentes emoções e comportamentos.

Tabela 14-2 Como a Mente Responde às Situações

Pensamento	*Emoções*	*Comportamento*
Não posso lidar	Ansiedade	Dificuldade em tomar decisões
Não posso fazer	Raiva, medo	Impaciente Desorganizado Comunicação pobre

A situação em si não está causando suas emoções; mas sim como você está *enxergando* a situação. Você tem escolhas sobre como responder às dificuldades, estresse ou, até mesmo, à situações desafiadoras.

Por exemplo, se sua reação deixa transparecer a sua irritação, esta emoção será transferida para outras pessoas pelo seu próprio comportamento. Alternativamente, se está se sentindo bem com você mesmo, sua emoção positiva aparece em seu comportamento, fazendo as outras pessoas se sentirem bem.

Tente controlar seu pensamento, suas respostas emocionais e seu comportamento, perguntando-se as seguintes questões:

- O que estou pensando?
- Meu pensamento é adequado e realista?
- Há outros pensamentos úteis ou positivos a serem adotados?

Considere esta situação. Foi oferecida uma chance para um empregado novo trabalhar em um projeto que você presumia que seria seu. Sua primeira reação é de irritação e ciúme. Você se sente minado, com falta de confiança e que não está indo bem no trabalho.

Dê um tempo e se pergunte; "o seu pensamento é útil e realista?"; "qual seria um pensamento mais útil?". Você percebe que o projeto vai envolver fins de semanas e trabalhos noturnos e o novo empregado vai adquirir uma experiência valorosa o que o ajudará a integrá-lo mais rápido à equipe. Você também percebe que já está ocupado com vários projetos e teria de se virar para arrumar um tempo para trabalhar no novo projeto. Também percebe que é respeitado e que está fazendo um bom trabalho, e, na retrospectiva, fica feliz por não terem lhe dado este projeto.

Encontrando os botões de controle novamente

Para ajudá-lo a colocar seu dedo nos botões de controle, o Centre for Stress Management (Centro de Gerenciamento de Estresse — CSM, em Londres e Edimburgo, no Reino Unido) usa um modelo chamado *Os 3 As: alter* (alterar), *avoid* (evitar) e *accept* (aceitar). Este modelo é projetado para ajudá-lo a ter o controle de seus sentimentos e emoções e readquirir um estado mental positivo. Por exemplo, você se sente frustrado porque o cronograma do seu projeto terá de ser drasticamente estendido porque, subitamente, pessoas-chave estão deixando a empresa, levando seu conhecimento consigo.

NA PRÁTICA — Na Prática

Quando ocorre uma situação que causa uma reação emocional, tente usar o modelo dos 3 As e pergunte-se as seguintes questões:

- Posso *alterar* a situação de algum modo?
- Posso evitar (*avoid*) a situação no futuro, ou a pessoa que causou minha reação?
- Preciso *aceitar* que não posso mudar a situação e que, em vez disso, preciso mudar minha resposta a isso?

Impedindo de seguir em frente

Para lidar com as emoções, você também pode usar a poderosa técnica STOP sempre que se sentir sobrecarregado, quando suas emoções o controlarem ou ao enfrentar a possibilidade de conflito com outras pessoas. A técnica STOP lhe dá a chance de impedir que uma situação fuja de controle, ou seja mal interpretada, ajudando-o a resolvê-la. Cada letra da técnica STOP se refere a uma ação positiva que pode ser usada para impedir que suas reações emocionais assumam o controle:

- **S**aia: mova-se fisicamente ou imagine-se afastando-se da situação.
- Pense (**T**hink)**:** como você pode lidar com esta situação de uma forma diferente?
- **O**rganize seus pensamentos: dê um tempo a si mesmo para focar sua mente antes de tomar uma decisão de que possa se arrepender depois.
- **P**rossiga: depois de ter um tempo para pensar em suas reações e estar certo de como vai seguir em frente.

Tendo o final à vista

Você pode usar a abordagem da visualização pintando um resultado de êxito em sua mente e sentindo emoções positivas. Por exemplo, ver um vídeo no qual está com uma aparência positiva e feliz.

Também pode controlar a respiração para ajudá-lo a relaxar ao mesmo tempo em que imagina uma situação mais positiva. O controle de sua respiração tem um efeito positivo no trabalho de seu corpo, bem como em sua mente. Veja o Capítulo 13 para exercícios adicionais de respiração e relaxamento.

Um Salto à Frente

Dar um salto à frente em uma nova situação, deixando a sua zona de conforto ou pessoas que você conhece, envolve ter a coragem, a autoconfiança e os meios financeiros, além da motivação para o desafio. Ao enfrentar uma grande decisão que pode mudar o curso de sua vida, você pode encontrar pensamentos diferentes em sua mente tentando impedi-lo:

- Eu não sou interessante.
- É responsabilidade de outra pessoa.
- Eu tenho mesmo que fazer?
- Estou muito ocupado.

- Vou pensar sobre isso mais tarde.
- Parece legal, mas não tenho certeza.
- Vou pensar no assunto, um dia.
- Meio arriscado, mas vale a pena.

Estar motivado para dar um grande salto tem a ver com o reconhecimento dos benefícios positivos de seguir em frente. Por outro lado, se você é do tipo que reage "evitando" (Capítulo 4) situações, é preciso identificar do que está fugindo quando pensa em mudar.

Fazendo Mudanças Pessoais

Mudanças pessoais podem ser mudanças muito simples em sua vida ou mudanças enormes, como uma mudança de casa, o casamento, trocar de emprego ou iniciar uma família. Veja esta lista e pergunte-se se algumas destas circunstâncias influenciaram sua decisão para uma mudança em sua vida:

- Comparecer a uma apresentação
- Ver uma entrevista de TV inspiradora
- Encorajamento por parte da família, amigos e colegas
- Modelos inspiradores
- Redundâncias
- Mudanças em circunstâncias pessoais
- Tornar-se pai/mãe
- Questões financeiras
- Cuidar de uma pessoa idosa
- Doença ou lesão forçando uma mudança em sua carreira
- Projetar um novo produto que preencha uma lacuna no mercado

Uma amiga estava passando por um divórcio e estava muito preocupada sobre como iria se virar financeiramente depois de comprar uma nova casa. Ela estava especialmente preocupada em como administrar as prestações mensais. O divórcio fez com que ela se desdobrasse e contatasse vários novos clientes em potencial para conseguir novos trabalhos. Somente uma semana após termos conversado, ela conseguiu dois novos contratos de seguro a longo prazo, dando-lhe um trabalho de três dias por semana. A maior quantidade de trabalho lhe deu a segurança financeira e a confiança para dar um salto à frente e comprar sua própria casa. Quando a encontrei após um mês, a compra estava se efetivando: ela estava curtindo os novos projetos e se sentia mais segura financeiramente e curtindo seu novo estágio de vida.

Crescendo e se Desenvolvendo através de Novos Desafios

Experimentar novos desafios pode ajudá-lo em seu crescimento e desenvolvimento pessoal. Pense em alguns desafios pessoais que já experimentou em sua vida e como esta experiência o afetou. Estes desafios podem incluir uma mudança de casa, de carreira, aprender a dirigir ou praticar um novo tipo de esporte.

Você pode achar que novos desafios nem sempre são experiências positivas, inicialmente. Mas quando olha para trás, percebe que a nova habilidade que adquiriu, o que atingiu ou o que passou lhe deu uma nova perspectiva dos eventos, ajudando no crescimento e no desenvolvimento.

Abraçando a mudança

Abraçar a mudança tem a ver com coragem e comprometimento, acreditando em seu instinto e confiando em suas decisões. Após ter se decidido sobre uma mudança, você precisa agir imediatamente. Mexa-se, para que mesmo uma pequena mudança faça você sentir que está fazendo algo, em vez de ficar apenas falando ou pensando a respeito.

Por exemplo, inscrever-se em um curso noturno, programar-se para ir à academia duas vezes por semana com um amigo, retirar os biscoitos dos armários para evitar comer doces, e tudo mais, são passos positivos que lhe ajudam a tomar um novo rumo e abraçar a mudança.

Deixando sua zona de conforto

Deixar sua zona de conforto pode lhe deixar perdido e inseguro. Mas, algumas vezes, as decisões mais difíceis são aquelas que lhe ajudam a se desenvolver e crescer. Os tópicos a seguir contêm alguns exemplos de pessoas abraçando as mudanças e deixando sua zona de conforto para trás.

Indo para a desconhecida zona rural australiana

Muitos anos atrás, como uma jovem de 24 anos, tive a oportunidade de trabalhar na zona rural australiana. Isso significava deixar a familiaridade do moderno hospital onde eu estava trabalhando e dizer adeus a todos os meus amigos e colegas. Mas eu sabia que seria uma experiência incrível e que mudaria o curso de minha carreira.

Ao chegar à Austrália Ocidental, demorou mais oito horas de trem para chegar na área remota. Eu, definitivamente, tinha deixado minha zona de conforto para trás.

Trabalhar como uma profissional da saúde na zona rural australiana foi uma experiência que mudou minha vida; eu sentia que tinha de crescer rapidamente. Passei vários anos trabalhando ali, ganhando uma experiência inestimável, o que causou um impacto positivo em minha vida e na minha carreira.

Quando a coisa se complicar, continue

Juliet incutiu em suas filhas, desde muito cedo, a regra familiar que deixar sua zona de conforto seria bom para elas. Ela dizia que se fossem começar algo novo, elas tinham que tentar por pelo menos três meses antes de pensar em desistir.

Sua filha ainda se apega a este princípio e já passou para suas próprias filhas. Ela percebeu que sua persistência era o que a movia a passar no teste de direção. Ela também trabalhou sem parar em aulas de interpretação para ganhar o prêmio do Festival de Artes, embora ela tenha pensado várias vezes em desistir. Muitos anos depois, estas habilidades se mostraram úteis quando ela estava se preparando para cuidar de crianças com deficiências. Sua persistência valeu a pena.

Capítulo 15

Motivando seus Relacionamentos

Neste Capítulo

- Descobrindo o que motiva seus amigos e familiares
- Conhecendo seus colegas
- Olhando o indivíduo
- Mudando seu jeito de pensar

Algumas vezes, você pode estar tão ocupado com sua vida que tem muito pouco tempo para dar atenção ao modo que suas palavras, seu comportamento, e suas ações estão afetando aquelas pessoas que são mais importantes para você: família, amigos e colegas. Ter um bom relacionamento com os entes mais próximos e entender o que os motiva pode ter um impacto positivo na vida deles e na sua também.

Identificando o que Motiva sua Família

Se você é sortudo o bastante para ter uma família — companheiro (a), filhos, pais, irmãos ou parentes próximos — faça uma pausa para pensar sobre como vocês se relacionam. Você está ciente do que une sua família? Sabe quais fatores os motivam ou os desmotivam?

Mesmo que sua família seja bastante unida, o que motiva um familiar pode ser bem diferente do que motiva outro. Fatores como idade, experiência de vida e aspirações podem dar esperanças e sonhos próprios a cada membro de sua família.

Outros fatores também são importantes. Descobrir o que motiva uma pessoa pode explicar a forma como ela pensa ou se comporta. Por exemplo, você vê que sua filha tem uma personalidade independente, preferindo agir por conta própria, tomando suas próprias decisões e não sendo o centro das atenções (preferência por referências internas), enquanto seu filho gosta de ouvir elogios, ser notado e receber conselhos (preferência por referências externas).

Saber do que seus familiares gostam ou não é útil para começar a entender que fatores podem causar impacto em suas motivações.

Examinando o que motiva sua família

Veja a lista a seguir para verificar quais fatores podem causar um impacto positivo nas pessoas-chave em sua vida:

- Dizer uma palavra gentil ou um obrigado
- Distribuir elogios
- Manter todos informados sobre o que acontece na família
- Fazer uma ligação telefônica de tempos em tempos
- Oferecer ajuda em uma tarefa ou um projeto de longo prazo
- Ser capaz de ter um tempo para ouvir
- Mandar um presente
- Oferecer apoio e encorajamento em ações e palavras
- Saber respeitar o desejo da pessoa de ficar só
- Dar conselhos e uma segunda opinião quando apropriado
- Dizer como a pessoa está bonita hoje
- Ser entusiástico

Na Tabela 15-1, liste as pessoas importantes em sua vida e o que motiva cada uma delas. Ao preencher a tabela, pense em formas específicas de ajudar os membros de sua família a manterem ou aumentarem suas motivações.

Tabela 15-1 O que Motiva minha Família

Membro da família ***(Liste cada membro)***	***Motivadores*** ***(Dê exemplos específicos)***
Exemplo: sua tia	Exemplo: receber chamadas telefônicas regulares de sua filha mais velha ajudam ela a saber como todas estão. Ela fica menos propensa a se preocupar e fica motivada para continuar a viver independentemente, pelo tempo que puder, sabendo que a ajuda está a um telefonema de distância.

Atendendo às preferências da sua família

Saber o que agrada e desagrada cada membro de sua família é bom; responder às suas necessidades significa tomar uma decisão consciente de agir. Se todos ao seu redor se sentem motivados e felizes, isso pode ter um impacto positivo em todos na família.

LEMBRE-SE

Atender às preferências dos membros da família pode ser desafiador. Os indivíduos, geralmente, têm formas diferentes de encarar e responder às situações, o que significa que sua abordagem ao lidar com uma preferência pode variar de um membro para outro. Você e o outro precisam ter respeito mútuo e, ao mesmo tempo, levar em conta o efeito que suas ações podem ter nos demais.

Pegue o exemplo de uma família com duas ou três crianças. O que motiva o pai e a mãe pode ser bem diferente do que motiva as crianças. Cada pessoa na família tem prioridades, necessidades e ambições diferentes. Para os pais, o imenso prazer que eles têm em ver seus filhos crescendo e se desenvolvendo, os motiva. Para as crianças, receber elogios e reconhecimento por suas conquistas pode ser um forte motivador para se esforçarem mais na escola. Não existem duas famílias iguais: fatores motivadores nas famílias são frequentemente influenciados por questões sociais, culturais e religiosas.

Sabendo o que Motiva seus Colegas

Você passa boa parte de sua vida no trabalho, então se enturmar com os colegas e saber o que os motiva pode ser vital para o seu bem-estar no ambiente de trabalho.

Ao ingressar em uma empresa ou organização, seus colegas de trabalho já foram escolhidos para você. O que os motiva poderá ter um grande impacto em sua própria motivação e no quanto você gostará de seu trabalho.

Pegue Janene como exemplo. Ela trabalha como professora e considera que a atitude negativa de seus colegas a abate e desmotiva. A falta de motivação e entusiasmo para o trabalho de seus colegas está contribuindo para sua própria insatisfação no papel de professora.

Criando um grupo de apoio motivado

Você está prestes a iniciar um grande projeto? No mundo ideal, escolheria com quem trabalhar. Entretanto, você pode se encontrar na posição de ter que envolver pessoas de diferentes departamentos dentro da empresa para trabalhar na tarefa. Nesta situação, você sabe que os indivíduos trazem uma variedade de habilidades, estilos diferentes de trabalho e preferências. Para certificar-se de que seu projeto seja bem-sucedido, terá que encontrar formas de fazer com que seu pessoal trabalhe bem em conjunto, e, ao mesmo tempo, manter suas motivações para alcançar o objetivo em comum.

Na realidade, você terá de trabalhar com diferentes grupos. Ter um tempo para se reunir com o novo grupo, talvez para um almoço ou uma cerveja depois do expediente, pode ajudar a derrubar alguma barreira. Manter a mente aberta também pode ajudá-lo a apreciar as habilidades e as qualidades que cada um agrega ao projeto, mesmo que a abordagem seja bem diferente da sua.

DICA

Se você trabalha por conta própria, ter um tempo para conversar com pessoas pode ajudá-lo em sua motivação, fornecendo apoio mútuo e dando-lhe a oportunidade de compartilhar ideias e fazer novos contatos.

Você dedica algum tempo para construir e desenvolver relacionamentos, conhecer novas pessoas e ter um tempo para compartilhar pensamentos e ideias para manter você e seus colegas motivados e inspirados?

Explorando uma abordagem vencedora

Nos negócios, a abordagem *vencedora* tem sido usada por muitos anos para ajudar na resolução de conflitos e também para conseguir relacionamentos felizes e de sucesso no trabalho. A abordagem vencedora diz respeito a assegurar que os desejos de cada indivíduo sejam atendidos. Ambos chegam a um meio termo, fazendo concessões para chegar a um denominador comum. Através do diálogo, ouvindo e questionando um ao outro, você acaba descobrindo quais mudanças precisa fazer para chegar a um resultado que deixe ambos satisfeitos, positivos e motivados.

Você é um gerente incentivador?

Ser um gerente incentivador é tratar bem sua equipe e gerar boa vontade. Estar disponível para a equipe a qualquer hora inspira lealdade, encorajando os colegas a falarem positivamente sobre a empresa, mesmo depois de a terem deixado.

DICA

Aqui estão algumas dicas para conseguir uma abordagem vencedora:

- Persistir em seu respeito próprio
- Sempre respeitar outras pessoas
- Estar preparado para expressar suas necessidades e desejos
- Permitir que a outra pessoa expresse suas necessidades e desejos
- Ser capaz de dizer "não"
- Ser capaz de dizer "Não entendo" ou "Preciso de ajuda"
- Ter uma ideia clara do resultado desejado

Uma técnica utilizada na Inteligência Emocional, no Programa de Neurolinguística e Acompanhamento, envolve estar preparado para fazer três mudanças específicas quando você está tentando resolver um conflito ou lidando com uma situação difícil:

- ***Mude seu pensamento:*** considere como você pode mudar seu pensamento para alcançar um resultado mais positivo.
- ***Mude suas circunstâncias:*** você pode, de alguma forma, mudar as circunstâncias? Por exemplo, trazer outras pessoas para resolverem o problema.
- ***Mude sua psicologia:*** algumas vezes, apenas levantar e se movimentar, ou dar uma volta, pode lhe dar o espaço para pensar em outras formas de resolver as dificuldades.

Reconhecendo a Individualidade

Quanto mais conhecer seus colegas, melhor entenderá e apreciará suas particularidades, do que gostam e do que não gostam. Por exemplo, Jane, uma diretora de uma empresa, acredita que passar um tempo com sua equipe é importante para a manutenção de um bom relacionamento de trabalho. Ela faz reuniões regulares com sua equipe na atmosfera relaxante de um Café local para saber o que acontece na vida pessoal e profissional de cada um.

Explorando talentos escondidos

Descobrir talentos escondidos entre pessoas que trabalham com você pode ser recompensador e revelador. Estar familiarizado com os *hobbies* e passatempos de colegas pode lhe dar uma visão do que os inspira e os mantêm motivados. Olhar projetos passados, empregos e experiências de viagens pode ajudá-lo a aflorar habilidades e talentos de seus colegas, que você não sabia que existiam.

Abraçando uma escolha pessoal

Encorajar as pessoas que trabalham com você a expressarem suas individualidades e permitir que sigam suas preferências pessoais, estimula um sentimento positivo e aumenta a motivação.

Sei de uma empresa que tem um esquema de pontos como forma de motivar os funcionários, que têm liberdade de escolher os prêmios que levam para casa. À medida que ganham os pontos, eles são marcados em um quadro negro, gerando um reconhecimento público de suas conquistas e um espírito amigável de competição.

Ajustando-se aos valores de outras pessoas

Achamos que a maioria das pessoas que conhecemos tem os mesmos conjuntos de valores, geralmente com base na idade, educação e influências familiares. Se uma pessoa tem os mesmos valores que você, imediatamente sente-se à vontade. Entretanto, você precisa estar ciente de que outras pessoas podem ter valores bem diferentes dos seus. Descobrir os valores e as crenças daqueles ao seu redor encoraja bons relacionamentos, tornando a experiência de trabalhar em conjunto positiva e valiosa.

CASOS E CAUSOS

Fotografando seus talentos escondidos

Um grande fabricante de computadores teve uma ideia brilhante para conhecer melhor seus funcionários. A empresa perguntou se eles permitiriam que tirassem fotos deles em seus hobbies e passatempos favoritos. As fotos seriam exibidas, como pôsteres, para que todos pudessem ver. Descobrir o que os funcionários faziam em seu tempo livre teve um impacto positivo em toda a empresa.

As fotos mostravam empregados demonstrando habilidades e talentos que eram desconhecidos da empresa, ajudando a elevar o moral, gerando respeito mútuo e aumentando a motivação em todos os níveis.

Valores podem incluir integridade, lealdade, sinceridade, generosidade, respeito, justiça e honestidade. Se um colega acredita que uma tarefa não combina com seus valores, você precisa resolver o problema e respeitar os valores dele, encontrando uma tarefa mais adequada ou repensando a tarefa.

Pensando sobre as preferências individuais

Você já esteve em uma situação onde foi pego de surpresa quando alguém reagiu ao que você disse, de uma forma totalmente inesperada? Ou você ouviu alguém descrevendo um evento que ambos testemunha-ram, mas de um ponto de vista totalmente diferente? Tenha certeza, isso é normal e está ligado à sua individualidade, bem como à forma como seu cérebro processa a informação.

Descobrindo suas Mentalidades

Dar um tempo para explorar sua forma de pensar pode ajudá-lo a entender como você reage a certos relacionamentos e situações da vida. Suas crenças e valores podem decorrer de sua mentalidade, fazendo de sua ação uma conclusão precipitada. Por exemplo, ter uma crença fervorosa que "O trabalho é *sempre* divertido" pode lhe dar uma ideia fixa. Descobrir a mentalidade de uma pessoa pode ser a chave para entender seu potencial e reconhecer sua individualidade.

Todavia, a boa notícia é que as mentalidades podem ser mudadas ao se descobrirem novas formas de encarar as situações, à medida que você vai se tornando mais informado.

Você pode mudar seu modo de pensar abrindo-se para outros pontos de vista através do diálogo, ouvindo e perguntando. As coisas que você está "programado" a fazer podem ser ajustadas ou corrigidas à medida que obtém mais informações, analisando os fatos e usando os dados para lhe dar uma nova perspectiva.

Quando uma nova abordagem é tomada, é importante respeitar o momento e conduzir as mudanças acordadas prontamente. Entretanto, deve-se sempre ter em mente que algumas pessoas podem relutar ou resistir a mudar seu modo de pensar. Nesta situação, você deve agir com tato e consideração, ou mesmo deixar de lado.

Mudar o modo de pensar de uma pessoa é um processo de duas vias, você precisa querer mudar também. Veja "Explorando uma abordagem vencedora", anteriormente neste capítulo.

Sabendo por que a mentalidade importa

Uma pesquisa feita por mais de 35 anos pela professora Carol Dweck e suas colegas nas Universidades de Columbia e Stanford mostra como a mentalidade pode afetar a motivação e a realização. As descobertas de Carol Dweck enfatizam que a mentalidade pode moldar seus objetivos, sua atitude em relação ao trabalho e os relacionamentos, e prevê se você vai atingir seu potencial.

Carol e seus colegas nos apresentam duas mentalidades básicas:

- **Mentalidade de Crescimento:** a pessoa desfruta ativamente da oportunidade de aprender e se tornar mais competente com relação à tarefa, mesmo se sua realização for vista como imperfeita pelos outros. Pessoas com uma Mentalidade de Crescimento, geralmente, são confiantes e ficam felizes em aprender com as falhas.

- **Mentalidade Fixa:** as pessoas acreditam que não podem mudar aquilo com que nasceram e que elas estão fadadas ao fracasso, mesmo antes de tentar. Uma pessoa com a Mentalidade Fixa, geralmente, não tem confiança e precisa de constantes elogios para prosperar.

A pesquisa de Carol Dweck mostra que é possível manter a Mentalidade Fixa em uma área de sua vida (por exemplo, acreditar que você não leva jeito para os esportes) e a Mentalidade de Crescimento em outra área (você ama aprender línguas).

É mais provável que você seja mais bem-sucedido na vida se tiver uma Mentalidade de Crescimento. A pesquisa de Carol Dweck com os estudantes universitários revelou que aqueles com Mentalidade de Crescimento conseguiam melhores notas do que aqueles com Mentalidade Fixa, independentemente de como pontuaram em testes de inteligência. A inteligência não é fixa, mas cresce com esforço e prática.

LEMBRE-SE

Seu cérebro é como um músculo, ele melhora com exercícios saudáveis — nunca é tarde para tentar modificar sua mentalidade!

Mudando sua mentalidade

Para entender o que acontece quando se relaciona com outra pessoa, você pode ter ou imaginar ter um diálogo consigo mesmo, ou levar em consideração qual mentalidade a outra pessoa usa.

Tente utilizar a abordagem das 4 etapas de Carol Dweck para mudar sua mentalidade (usada com permissão):

1. **Aprenda a ouvir a voz da sua Mentalidade Fixa.**
2. **Reconheça que você tem uma escolha.**
3. **Trave um diálogo com sua Mentalidade Fixa, abordando-a com uma Mentalidade de Crescimento.**
4. **Mude para a Mentalidade de Crescimento.**

Os tópicos a seguir lhe darão uma ajuda prática para alcançar cada etapa.

Etapa 1: Ouvindo a voz da sua Mentalidade Fixa

Ao se aproximar de um desafio, a voz da sua Mentalidade Fixa estará dizendo:

- Tem certeza que pode fazer isso?
- Talvez você não tenha talento.
- E se você não conseguir? — será uma falha.
- As pessoas vão rir por você achar que tinha talento.
- Se não tentar, você pode se proteger e manter sua dignidade.

Ao atingir um obstáculo, sua voz de Mentalidade Fixa estará dizendo:

- Isso teria sido fácil se você realmente tivesse talento.
- Você viu? Eu disse que era um risco. Agora já era, e você mostrou ao mundo como é limitado.
- Não é tarde para recuar, invente desculpas e tente reconquistar sua dignidade.

Ao enfrentar as críticas de sua Mentalidade Fixa, você se pega dizendo:

- Não é minha culpa. Foi culpa de algo ou de alguém.
- Você sente raiva da pessoa que está lhe dando feedback. "Quem eles pensam que são? Vou colocá-los em seus devidos lugares."
- A outra pessoa pode estar lhe dando um feedback específico e construtivo, mas você a ouve dizer: "Estou desapontado com você. Pensei que você fosse capaz, mas agora vejo que não."

Etapa 2: Reconhecendo que você tem uma escolha

O modo como você lida com desafios, contratempos e críticas é escolha sua. Ater-se à sua Mentalidade Fixa é um sinal de que seus talentos ou habilidades estão paralisados. Depende de você ter ou não este equilíbrio.

Etapa 3: Dialogando com a Voz da Mentalidade de Crescimento

Ao encarar um desafio, pergunte-se as questões a seguir para ajudá-lo a se comunicar com sua Mentalidade Fixa ou de Crescimento.

MENTALIDADE FIXA (MF): "Tem certeza de que pode fazer isso? Talvez você não tenha talento."

MENTALIDADE DE CRESCIMENTO (MC): "Não sei se posso fazer isso agora, mas acho que consigo com tempo e esforço."

MF: "E se você não conseguir, você será um fracasso."

MC: "A maioria das pessoas bem-sucedidas tropeça ou falha ao longo do caminho."

MF: "Se você não tentar, você se protege e mantém sua dignidade."

MC: "Se eu não tentar, automaticamente falho. Onde está a dignidade nisso?"

Ao encontrar um obstáculo:

MF: "Isto seria mais fácil se você realmente tivesse talento."

MC: "Isso está errado. O basquete não era fácil para Michael Jordan e Ciências não era fácil para Thomas Edison. Eles tinham uma paixão e colocavam um tremendo esforço nela."

Ao encarar a crítica:

MF: "Não é minha culpa. É culpa de algo ou de alguém."

MC: "Se eu não assumir responsabilidades, não conseguirei consertar. Deixe-me ouvir — por mais doloroso que seja — e aprender o que puder."

Etapa 4: Agindo a Partir da Mentalidade do Crescimento

Você escolhe qual voz seguir: Mentalidade Fixa ou Mentalidade de Crescimento.

Encare um desafio, ouça a crítica, aprenda com seus contratempos e tente novamente. Você terá o controle das próximas ações na palma de suas mãos.

Pratique ouvir as duas vozes, a da Mentalidade Fixa e a voz da Mentalidade de Crescimento, mas aja de acordo com a Mentalidade de Crescimento.

Ter um tempo para explorar as Mentalidades Fixa e de Crescimento pode ajudá-lo a se relacionar com outras pessoas e reconhecer suas individualidades.